高校健美操训练与教学研究

向菲菲　著

辽宁大学出版社 | 沈阳

图书在版编目（CIP）数据

高校健美操训练与教学研究/向菲菲著. --沈阳：
辽宁大学出版社，2023.7
　　ISBN 978-7-5698-1286-2

　　Ⅰ.①高…　Ⅱ.①向…　Ⅲ.①健美操－教学研究－高
等学校　Ⅳ.①G831.32

中国国家版本馆 CIP 数据核字（2023）第 126892 号

高校健美操训练与教学研究

GAOXIAO JIANMEICAO XUNLIAN YU JIAOXUE YANJIU

出 版 者：辽宁大学出版社有限责任公司
　　　　　（地址：沈阳市皇姑区崇山中路 66 号　　邮政编码：110036）
印 刷 者：河北万卷印刷有限公司
发 行 者：辽宁大学出版社有限责任公司
幅面尺寸：170mm×240mm
印　　张：14.5
字　　数：251 千字
出版时间：2023 年 7 月第 1 版
印刷时间：2023 年 7 月第 1 次印刷
责任编辑：张　茜
封面设计：韩　实
责任校对：田苗妙

书　　号：ISBN 978-7-5698-1286-2
定　　价：78.00 元

联系电话：024-86864613
邮购热线：024-86830665
网　　址：http://press.lnu.edu.cn

前　言

随着高校体育事业改革的推进，体育教学内容也越来越丰富，健美操以其较强的艺术性、节奏性、适应性和健身性，成为当今高校体育教学的重要内容。健美操运动是一项集舞蹈、音乐、体操、美学于一体的体育运动项目。它以独特的魅力和价值，深受广大高校学生的喜爱。

健美操运动在我国的体育健身事业中发挥着重要作用，具有非常深远的发展意义。对于高校来说，开展健美操训练与教学能够有效丰富校园文化生活，使学生在学习、表演和比赛过程中达到娱乐身心、强健体魄的目的。广大高校学生通过精湛的健美操技艺、强健的体魄，充分展现了健美操运动的魅力，这也吸引着更多人参与到健美操运动中来，从而使得校园文化生活变得丰富多彩。同时，在健美操运动中，由于其技术动作的标准和对身体姿态的要求基本与人们日常生活中的状态一致，因此，学生可以通过长期的健美操训练来改善自己的不良身体状态，形成优美的体态，在日常生活中表现出一种良好的气质与修养，给人以朝气蓬勃、健康向上的感觉。健美操运动还可以在已有的基础上，使学生的体形更加健美。另外，健美操运动也能够很好地促进学生的心理健康。由此可见健美操运动的必要性。

本书先对健美操的基本内涵、特点和意义等进行了论述，又对高校不同健美操运动的训练方法以及教学方法进行了详细介绍，列举了多种教学方法在高校健美操教学中的应用实践，对促进高校健美操教学发展具有重要意义，对从事健美操教学相关工作的人员具有一定的借鉴意义。

目　录

第一章　健美操概述

第一节　健美操的概念、分类与特点

一、健美操的概念

健美操是一种有氧运动，国外将之称作"有氧体操"。健美操是一种以氧气供应充足为前提，通过有氧系统为机体提供能量进行运动的活动形式，从其运动特点来看，它是一种中低强度、能持续一定时间的有氧运动。练习健美操可以锻炼人体的心肺功能，发展和提高身体的柔韧性与协调性，因而它是一种有效的有氧耐力训练方式。作为一项运动项目，除健身美体外，健美操还有丰富的内容和多元的运动形式，不受性别、年龄、器械、场地的限制，且简单易学，可以充分锻炼和发展练习者全身的关节与肌肉，帮助练习者塑造良好体态。

综合上述特点，可将健美操定义为融音乐、美学、体操、舞蹈于一体，通过专业人士器械、手持轻器械或者徒手的操化练习达到健美、健身、健心的一种观赏型、娱乐性质的体育运动项目，它的价值可以通过其娱乐性、竞技性、观赏性、健身性来体现，是人类现代文明生活的重要组成部分。

二、健美操的分类

随着人类物质和精神文明程度的不断提高，越来越多的人注重生活质量和身心健康，愿意为健康投资，"花钱买健康"这一观念逐渐被更多的人认可。这种观念上的变化使人们对健美操的推崇与喜爱越来越强。健美操完美地与艺术、现代社会生活、社会交往等结合，是一种健康的时尚运动。

现如今，我国乃至全世界的健美操种类繁多，研究者依照不同的方法进行了分类。从运动任务、目的和实际发展情况上看，健美操可分为健身性、竞技性、表演性三大类。

（一）健身性健美操

健身性健美操也叫大众健美操，是一种集防病、健身和娱乐于一体的有氧健身运动，具有一定的普及性和群众性。练习健身性健美操以健身美体、增进健康为主要目的。健美操的动作活泼、简单、流畅、节奏感强，讲究实用性和针对性，通常搭配速度适中的音乐，运动的难度与强度均相对较低。练习健美操既不受器械、场地、室内外环境及时间的局限，也不受职业、年龄、性别、层次的限制，任何人都可以学习和锻炼。练习健身性健美操可以使用轻器械，也可以徒手进行，有较高的灵活性。

近年来，健身运动兴旺发展，人们因此对健身有了越来越深入的理解。随着健身需求的个性化、多样化变化，多种新的健美操形式开始涌现，如瑜伽健美操、拉丁健美操、街舞、搏击健美操等。这些新的健身形式的涌现进一步丰富了健美操的运动内容，吸引了更多的人加入其中。

以下依据不同的分类标准，从不同的划分角度对健身性健美操作出了较详细的分类与命名。

第一，以年龄结构为分类标准，健身性健美操可划分为幼儿健美操、儿童健美操、少年健美操、青年健美操以及中老年健美操等，这些健美操统称为年龄系统健美操。这类健美操根据人在各个年龄阶段中不同的体能、体态、生理和心理等方面的特征，对健美操动作、节奏等作出了有针对性、科学的编排。

第二，从人体结构活动部位的角度进行划分，健身性健美操可分为头颈、肩部、胸部、臂部、腹部、髋部、臀部及腿部健美操。这类健美操针对性较强，可以专门用来锻炼人体的某个部位。

第三，根据不同的练习任务与目的，健身性健美操可划分为形体健美操、活力健美操、减肥健美操、韵律健美操、跑跳健美操、姿态健美操和节奏健美操等。练习这类健美操可帮助人们实现改善体形、提高动作力度与力量、去掉多余脂肪、端正姿态、增强动作韵律节奏等目的。

第四，以练习形式为划分依据，健身性健美操可分为轻器械健美操、徒手健美操以及特殊场地健美操。轻器械健美操指练习者使用轻器械，以锻炼力量为目的进行的有氧健美操。练习者可使用各种可移动的轻器械，以多种练习形式进行练习，以灵活的方式方法达到锻炼目的。目前看来，轻器械健美操是世界发展较快、较受欢迎的健身项目。轻器械健美操主要包含杠铃操、哑铃操、健身球操、踏板健美操、皮筋操等项目。徒手健美操可分为两大类，一类是传统意义上的一般性健美操；另一类为能够满足不同人群锻炼需求与兴趣的风格各异的健美操，如瑜伽健美操、拳击健美操、街舞、搏击健美操等。特殊场地健美操凭借其特殊的功效在国外快速发展，但国内并不多见，目前了解到的主要有固定器械健美操和水中健美操。固定器械健美操指将健身器械固定到某一处，可以是水中或地面等任何位置，供学员按需练习使用，达到锻炼身体的目的，功率自行车就属于这类健身操；水中健美操在国外有很高的关注度，这类健美操需要在水中练习，具有一定的独特性，它可以利用水的阻力减轻膝关节与踝关节在运动中受到地面的冲击力，减轻关节的负荷，同时还能利用水传导热能快的原理增强练习效果，达到减肥、健身的目的，这类健身运动尤其受到减肥者、中老年人以及康复病人的喜爱。

第五，以人数为划分依据，健身性健美操可分为单人与多人健美操。多人健美操可以由双人、三人乃至人数更多的集体共同进行。

第六，从性别上划分，可根据男、女性不同的身体特点，将健身性健美操分为男子健美操和女子健美操。

第七，有些健身性健美操可以用不同的舞蹈、音乐、人名命名，如迪斯科健美操、简·方达健美操、爵士健美操、拉丁健美操等。

（二）竞技性健美操

竞技性健美操是一类专用于竞技比赛的健身运动，它以技术规程和竞赛规则为创编标准，具有较高的炫技性、艺术性和目的性。参赛者必须要在规定的时间内完成成套的动作，并通过运动展示其高超的专项技术能力，取得优异成绩。竞技性健美操要求竞赛人员按照要求自编动作参与比赛，每套动作都必须在一定的时间限制内完成，评委依据参赛者的特色、时间、完成情况、难度、基本步伐、体形等表现评分。

目前，国际体操联合会举办的健美操世界锦标赛所设的正式比赛项目有女单、男单、混双、三人和集体六人五个项目。为了保证比赛的规范性和公正性，这些赛事对各项参赛人数、比赛场地、参赛服装和成套动作的时间等都做了严格的规定。

国际上较大规模的竞技性比赛有国际体操联合会（FIG，简称国际体联）组织的健美操世界锦标赛、国际健美操冠军联合会（ANAC）组织的世界健美操冠军赛、国际健美操联合会（IAF）组织的健美操世界杯赛等。

我国正式的大型竞技健美操比赛有全国健美操锦标赛、全国健美操冠军赛、全国青少年健美操锦标赛等。

（三）表演性健美操

表演性健美操是指根据不同目的、场合、要求、表演者等情况进行编排，在各种节日庆典和宣传活动中表演的健美操。表演性健美操的主要目的就是"表演"。在表演性健美操中，竞赛规则、比赛人数、形式、规模及动作的设计和选择限制性较小，自由度较大，目的是使比赛更具观赏性，通过表演来展示健美操的魅力、价值和活力，使观众在观赏中陶冶情操、愉悦身心、净化心灵，同时起到宣传和推广健美操的作用。

表演性健美操的内容可根据表演者的特点和表演需要选择，比赛通常持续 2～5 分钟的时间。为了达到理想的表演效果，通常不会设计很多的重复动作，音乐的速度快慢应与表演统一，既要表现出动作的新颖性，又要保持整体的和谐统一。表演者可使用一些风格化的舞蹈动作或利用轻器械强化表演效果，达到感染观众、烘托气氛的效果。表演性健美操有多种常见形式，包括有氧搏击操、踏板操、有氧拉丁操等。由于表演性健美操与健身性健美操相比，前者的动作更复杂多变，因此，表演者应具备足够的协调性、表演意识，还要有能充分配合集体的意识。表演性健美操主要包括以下三种。

1. 健身表演类健美操

这类表演性健美操主要有健身健美操、踏板操和搏击操。在这类表演性健美操的创编中，要有意识地强调该类健美操本身动作的特点，尽可能地展示动作本身给身体带来的作用，集中展示其精华部分。

2. 艺术表演类健美操

这类表演性健美操突出的是其外在的艺术性，主要用于大型比赛和活动的开幕式或中场休息，以及新产品展示或活动现场。它主要是为了吸引观众眼球，丰富群众体育文化生活；从外在展示上来说，突出的是动感美、活力美和韵律美。

3.技巧表演类健美操

展示技巧类健美操强调以高难度动作等技术作为支撑，并融合技巧的成分。动作难度大是技巧类健美操的主要特征。

三、健美操的特点

（一）强烈的节奏感和韵律感

健美操是在节奏鲜明、欢快奔放的乐曲伴奏下进行的身体练习，所以最主要的特点就是节奏感和韵律感强。几种主要的健美操节奏有音乐节奏（包括音乐节拍等）、运动节奏（包括力度、步幅、步频等）、生理节奏（包括呼吸节奏、心率节奏等）、时空节奏（包括空间节奏、时间节奏等）、色彩节奏（包括服装、灯光等）。

节奏感来源于音乐，它是健美操运动不可缺少的重要组成部分。健美操的音乐主要取材于迪斯科、爵士、摇滚等现代音乐和一些民族乐曲，它根据音乐中的高低、长短、强弱、快慢等节奏性的变化，使运动更富有一种鲜明的时代气息，而且音乐也有烘托氛围、激发人们情绪的作用。

（二）广泛的群众性

健美操有丰富多元的内容，练习者可以根据需要灵活调控运动量。徒手锻炼是健美操的主要运动形式之一，对练习的环境、场地、气候等的要求很低，适合各个年龄层次、不同阶层、不同体质及不同技术水平的人根据不同的爱好、难度、运动负荷等条件选择锻炼，每个参与者都能找到适合自己的锻炼方式。以中老年人为例，这类人群练习健美操的目的是娱乐身心、锻炼身体、增进健康，因而适合选择音乐较舒缓、节奏不快、难度与强度偏低的类型练习；再如，年轻人通常精力旺盛，可练习有一定难度、节奏感较强、运动量较大的竞技性健美操来提升技术水平和增强体质。健美操不仅能给人们带来奔放热烈的情感体验，还满足了当代人对娱乐、健美、健身的需要，因而广受各界人士喜爱，具有广泛的群众性。

（三）健身的安全性

健美操在多个方面都充分考虑了由于运动而产生的一系列刺激结果的可行性。它的运动负荷中等、运动强度处于中下水平、练习时间一般为 30～60 分钟，在有氧负荷范围内，因而适合不同体质的人进行锻炼。同时，人们在平坦的地面上、在节奏欢快的音乐声中进行运动，十分安全，并具有最佳锻炼效果。

（四）高度的艺术性

健美操融舞蹈、音乐、体操于一体，追求人体高强度运动能力和动作完美完成，并且是体育与艺术高度结合的运动项目，故表现出高度的艺术性。

健美操是以力量性为主的徒手动作为基础的，它所表现出来的力是力量、力度、弹力、活力的综合。在追求人体健康与美丽的过程中，它将人体语言艺术和体育美学融为一体，成为极具观赏性的运动项目。这主要体现在"健、力、美"的项目特征上。健康、力量、美丽是人类有史以来追求的身体状况的最高境界。在健美操运动中，不论是竞技健美操，还是健身健美操、表演健美操，无处不体现着"健、力、美"的特征。它所形成的动作力量风格可充分表现出人体健康的风采、美的神韵和力的坚韧。

第二节　高校健美操的作用与要求

一、高校健美操的作用

（一）在深化高校体育教学改革中的作用

健美操现已成为高校体育教学的重要组成部分，对体育教学改革具有重要意义。健美操运动具有"健、力、美"的特点，具有高度的艺术性，这一点将健美操与其他运动项目区别开来。鉴于健美操能够满足现代人对健美与健康的追求，所以它被纳入高校体育教学课程中，在丰富高校体育教学内容的同时向其中注入活力，推动传统学校体育教学模式发生变革，使体育课堂变得更加活跃。在学校体育教学中，学生学习的主动性与积极性对教学效果具有关键性影响，而健美操动作灵活多变，轻松新颖，富有韵律感、节奏感、时代感，安全可靠且简单易学。大学生通过高校体育教学学习和练习健美操，一方面能使心理、生理两个方面的发展需求得到满足，尤其是女大学生可以通过练习健美操陶冶身心，获得和保持姿态美、形体美、气质美、曲线美、健康美等；另一方面，有助于学生积极主动地参与健美操运动，有效提高体育教学效果。

（二）在培养学生全面发展方面的作用

健美操横跨体育、文艺和教育三大领域，集体操、舞蹈、音乐、美学于一体，是一门培养大学生全面发展的课程。有计划、有目的地开展健美操教学和实践锻炼，可以达到三个方面的目的。一是发展人体各器官系统的生理功能，提高学生的力量、速度、耐力、柔韧、灵敏等身体素质，增强体质，保持健康；二是可以培养学生的良好身体姿态，塑造健美形体，陶冶情操，净化心灵，进一步展示当代大学生的健康美和时代美；三是可以培养大学生多方面能力，如体育运动能力、终身体育能力、学习能力、组织能力、竞争力、表现力，特别是审美、创造美的能力等。因此，健身专家认为，健美操是目前能够全面提高身体素质、增进健康美和培养学生多方面能力的较为理想的体育运动。

（三）在大学校园文化建设中的作用

大学校园文化是一个多层次、立体化的有机整体，校园体育文化则是这个整体的重要组成部分。健美操以其所具有的体育功能、艺术功能和教育功能成为校园体育文化的重要内容之一，给大学校园注入了新的活力。课外健美操运动的开展，不但与学校体育理念相辅相成，全面增强了大学生的体质，而且引导大学生追求健康美，使人积极向上、朝气蓬勃，抵制了消极颓废思想对校园文化的侵蚀，提高了休闲娱乐活动的文化品位；同时，还可以拓宽学生的知识和思维视野，最终达到培养创造精神、丰富课余文化和促进德、智、体、美全面发展的目的。

二、高校健美操的要求

（一）规范

规范是评定健美操动作完成质量的综合性指标，它要求练习者按标准进行动作，要求姿态、路线、位置、运动方法等都符合规定。在初学健美操时，学生就应该明确健美操的规范标准，建立规范意识，以正确的体态身姿从基本动作开始练习，并随着教学的逐步深入达到自动规范的程度。

（二）力度

力度指肌肉的用力程度，它是速度与力量的有机结合，是衡量健美操的动作质量是否标准的重要条件。在健美操鲜明的节奏背景中，练习者以其动作的有力、刚健、富有弹性、流畅生动诠释了健美操的力度。但动作有力度不代表动作僵硬。就这一点而言，学校开展健美操教学时，应将规范学生动作力度设置成教学中的重点环节，帮助学生充分领悟和表现健美操特有的"健、力、美"。

（三）表现力

表现力指练习者在进行健美操运动时，通过面部丰富的表情动作和身体丰富的肢体语言将内心情感表现出来的能力。健美操的每个动作都有其内在的表现内容，它可以通过动作的幅度大小、用力程度和练习者全身的配合表现出来，也可以通过表演者对健美操的理解、对动作的把握及对音乐的感受体现出来。对健美操练习者而言，出色的表现力能为其注入活力与生机。因此学校健美操教学应注重培养学生的表现力，使学生能够表现出健美操的美。

（四）幅度

幅度是指身体活动范围的大小，是充分展示身体柔韧性的能力。以最大幅度完成动作是健美操的一大特色。人体各部位，尤其是颈部、上肢、胸部的充分伸展，对增大动作幅度、充分表现动作极为重要。在学校健美操教学中，应把增大学生上肢、下肢及躯干的训练幅度作为一个重要的环节。

第三节　健美操运动的发展趋势

一、健身健美操的发展趋势

（一）人们健康意识的增强将使健身健美操的市场前景更加美好

随着社会经济的快速发展，人类的生产生活方式发生了重大改变，人类生活的物质、精神追求也随之不断提高。

首先，在高新技术的推动下，人类投入生产劳动中的体力、精力、时间大幅度减少，人类利用智慧对各类资源进行充分利用，并创造了巨大且宝贵的社会财富。生产劳动方式的变革一方面造成了人类各种器官系统的退化；另一方面加快了生活节奏，使人类的脑力劳动更加紧张，使人更容易心理失调，产生各种心理疾病，如抑郁、自卑、焦虑、孤独、狂躁等，由此引发了各种"都市病""文明病"，如冠心病、高血压、肥胖症、糖尿病、脊柱病等。因此，人们越来越重视身体健康，在健身方面产生了越来越庞大的需求，推动了社会体育的发展。在新时代，体育成为人们调节心理、强健体魄、释放情感的重要方式。

其次，随着人们物质生活水平的显著提高，越来越多的人开始投资体育活动，在"花钱买健康"观念的影响下，人们在健身运动方面的投入越来越多。

健身健美操现已成为社会体育不可缺少的一部分，它的功能特点和独特魅力加速了它在人类社会的普及发展。在这样的时代环境下，健身健美操将获得很大的发展前景。

（二）健身健美操的种类和练习形式将更加多样化

为满足锻炼者的各种健身需求，健身健美操的练习形式与种类越来越多样化。近年来，越来越多种类风格的健身器械和健身活动形式出现在大众视野中，如拉丁健美操、街舞、拳击健美操、瑜伽健美操等。这些新兴的健美操运动形式可以帮助不同性别、年龄、健康水平、身体状况的人达成运动目的，满足人们多元化的运动需求。例如，年轻人活力十足，喜欢活泼的运动，适合拳击健美操、街舞等练习形式；老年人喜欢通过节奏舒张有度的运动保持身体健康，适合水中健美操等；女人多以追求形体美丽、姿态优雅为主，更倾向练习瑜伽健美操。为了延续发展，健美操必须不断创新改革，以更好地满足更多人群个性化、多样化的健身需求。

随着健美操种类的不断丰富与人们需求的个性化发展，很大一部分人已无法通过集体练习满足自身健身需求，私人教练的健身形式由此兴起，并在国外逐渐占据越来越大的市场。相信不久之后，私人教练这一健身形式也将在我国迅速流行起来。在国内外健身经验结合的基础上，将会涌现更多适合国内健身人士和吸引国外健身人士练习的新的健美操形式。

（三）健身健美操练习的科学化程度将不断提高

首先，科学练习健美操的关键在于保证锻炼效果。可通过测定不同人群的体质状况和研究不同年龄阶段人群锻炼时的最佳心率范围，为人们的锻炼提供科学可靠的运动处方。锻炼方法不科学不仅会影响健身效果，还可能造成运动损伤。因此，应以科学的方式进行健美操锻炼，从而真正达到强健身体、美体塑形的效果。

其次，科学化是未来健美操运动的必然发展趋势。人们对身体健康的重视，原本简单活动筋骨"出点汗"的锻炼形式已无法满足人们的健身需求，越来越多的人开始探寻更科学的健美操练习方法，并将健身方式是否科学、健身效果是否足够好作为选择健身项目的重要参考标准。可见，只有不断提高健美操运动的科学化程度，才能保证健美操有市场，能持续发展下去。关于这一点已经有很多健美操从业人士达成了共识，并为了提高健美操运动的科学化水平不断探寻健美操科学化的途径与方法。

最后，在信息技术的发展和知识经济全球化发展的时代，人们可以使用国际互联网更轻松地获取健美操方面的各种信息，这为我国健美操运动的科学化发展提供了可靠支持。

（四）激烈的市场竞争将更加注重健身指导的服务质量

作为现代人类文明高度发展的一项产物，现代健身场所为人们提供了

"花钱买健康"的可靠途径。人们对健身的重视大大推动了各类健身场所的建设，使健身市场的竞争日益激烈。现代健身场所的经营最终都会落实到服务上，服务质量对经营者获得的经济效益、大众健身质量以及健身市场的兴衰具有决定性作用。因此，经营者应以高效、优质、及时的服务获得消费者的认可，从而占据市场优势地位，获得稳定发展。高质量健身服务包括服务标准、服务礼貌和服务程序，这些因素对健身俱乐部的发展具有决定性作用。

二、竞技健美操的发展趋势

根据《项群训练理论》对竞技体育的分类，竞技健美操属于"技能主导类表现难美项群"。它和同群的竞技项目（如竞技体操、艺术体操、花样滑冰、花样游泳、跳水等）一样，竞赛中依据参赛者所完成动作的难度、新颖性、稳定性、优美程度等因素判定其技能水平的高低。难、新、美正是竞技健美操的技术发展方向。国际体联对竞赛规则的改革将促使竞技健美操运动技术继续沿着难、新、美的方向发展。

（一）更加注重艺术性创新

竞技健美操对自身有极高的艺术性和创新性要求，这种要求主要体现为无论是空间的转换与使用，还是动作的编排、连接与过渡都要做到娴熟流畅、创新且能表现出艺术美。艺术性创新要求竞技健美操从业人员在编排整套动作时做到多样化、新颖化，可以体现出人与运动表现、音乐、形体艺术的完美结合。"创新则兴，不创新则衰。"艺术性创新不仅对运动成绩具有决定性影响，还对竞技健美操的未来发展具有不容忽视的影响，所以，竞技健美操应在未来进一步推进艺术性创新。

（二）动作技术的完成将更加完美

国际体联新规则虽然对难度动作的技术完成标准和缺类的要求有所降低，却对动作技术完成质量提出了更高的要求，同时大大加重了动作完成质量的扣分比例。因此，动作的完美完成将是参赛者的技术和竞技水平的具体体现，是取得优异成绩的根本。可以预料，未来竞技健美操比赛就是比动作的完美完成，动作技术完成质量将是评价参赛者竞技水平的关键因素。

（三）难度动作向多样化方向发展

难度动作分为四大类十个组别，难度动作价值分从 0.1 分至 1.0 分，包括预期的难度动作。在全面提高难度动作的分值、降低难度动作最低要求及减少难度动作数量的同时，不仅对难度动作的重复做出了不计分值和次数的规定并将予以扣分，同时，减少规定的难度类别将扣掉 1.0 分，这意味着在竞技健美操中，难度动作的选择将向着更加多样化的方向发展。

（四）挑战自我极限是未来竞技健美操追求的目标

进入奥运会是竞技健美操运动的最高境界，竞技健美操未来发展的趋势必将向挑战自我极限的竞技方向发展。未来竞技健美操的竞争激烈程度显而易见。因此，挑战自我极限将是未来竞技健美操竞技水平发展的必然趋势。

第二章 高校健美操运动的基本理论

第一节 健美操运动的生理学基础

一、健美操运动的物质代谢

在健美操运动中，活动的主体是人。人体的能量来源于摄入体内的糖、脂肪、蛋白质、维生素、无机盐、水等物质的代谢。物质代谢是合成代谢和分解代谢两个相互联系的过程。健美操运动的物质代谢主要包括糖代谢，脂肪代谢，水、盐代谢和蛋白质代谢。

（一）糖代谢

了解了糖在人体的代谢过程和糖对人体的作用后，就能对发生在健美操运动过程中的糖代谢有更好的了解。糖是组成人体组织细胞的重要成分，为运动者提供了必要的能量，对人体机能的正常运行具有重要作用。糖每天向人体供应的能量大约占人体总消耗的 70%，与蛋白质和脂肪相比，糖可以使用更少的氧完成氧化过程，且经济效益最高，因而成为脑细胞与肌肉细胞活动时的首选功能物质。糖在体内的代谢速度与健美操运动的负荷密切相关，通常情况下，糖不仅能为人体活动提供所需能量，还能转化成脂肪与蛋白质储存在体内。

1. 糖在人体内的代谢过程

人体内的糖质在消化酶的作用下，会转变成能被人体吸收的葡萄糖分子；然后，小肠黏膜的上皮细胞中的葡萄糖运载蛋白将进入小肠的葡萄糖分子转运进血液中，形成能合成糖原的血糖。糖原是一种大分子的糖，合成并被储存在肝脏中时被叫作肝糖原，合成并储存在肌肉中时被叫作肌糖原。肝脏可以通过糖的异生作用将体内甘油、丙氨酸和乳酸等非糖物质合成糖原或葡萄糖。无论是合成糖原还是糖的异生作用，都属于糖的合成代谢。糖从分解到利用的整个过程就是葡萄糖、糖原经过有氧氧化（糖酵解）、乙醛酸、磷酸戊糖等途径转化成乳酸，再通过糖异生作用将乳酸氧化分解或转化成葡萄糖的过程。

2. 健美操运动对血糖的影响

在安静状态下，正常人的血糖浓度的变化范围为 3.9 ～ 5.9 毫摩尔 / 升，经常进行健美操运动者与正常人没有区别。长时间进行健美操运动可引起血糖水平下降，运动者会出现运动能力下降的现象。在不同类别的健美操训练中，血糖浓度的变化趋势是有区别的。

不同类别的健美操训练前后产生不同的血糖浓度变化的主要原因是训练内容和训练强度的不同，以及因此而引起的神经系统兴奋性的不同。竞技健美操是所有健美操中能够引起兴奋性最高、强度最大的项目，运动期间促进了肝糖原的分解，但是竞技健美操运动用时较短，消耗的葡萄糖量比肝糖原分解的量少，因而运动后血糖水平会比运动前有所升高。

3. 补糖对健美操运动的影响

竞技健美操与其他类型的健美操运动相比，运动量与运动强度更大更高，能量消耗更大，在运动前和运动过程中适当补充糖分有助于提高运动效果。在运动前补糖，补糖时间能影响运动者运动过程中的血糖水平，运动前两个小时或半个小时内补糖效果较好，这样的时间安排有助于糖分在运动开始前被输送补充到肌肉组织中或在运动开始前就完成糖原的合成与转化，从而在运动开始后，体内已合成的肌糖原、肝糖原能及时补充血糖，满足运动的消耗需要，使运动者保持较高的血糖水平。

运动前一个小时不适宜补糖，这是因为此时补糖会迅速提高体内血糖水平，发生胰岛素反应，这时人体会自主分泌大量胰岛素，降低体内血糖水平，从而导致运动能力迅速降低，此时运动，可能造成运动性低血糖等不良反应。

在运动过程中，最佳的补糖时间是每半小时补一次，因为低浓度的饮料可促进渗透吸收，并且胃在短时间内只能排空少量的液体，而高浓度的饮料会延长胃排空的时间，影响运动效果，对糖的吸收也会产生不利影响。

（二）脂肪代谢

脂肪是以有氧代谢为主的训练中的主要能源物质，大部分储存在皮下结缔组织、内脏器官周围、肠系膜等部位。身体内脂肪的储存也会随着新陈代谢不断进行更新。一般脂肪占体重的 10% ～ 20%，肥胖者可达 40% ～ 50%。人体脂肪的主要来源是食物，主要是动物脂肪和植物油，也可以在体内由糖或蛋白质转变而成。脂肪除了是含能量最多的物质外，还可以起到保护器官、减少摩擦和防止体温散失等作用。健美操本身对人体脂肪的含量要求较高，因而全面了解脂肪的代谢过程有助于更好地进行健美操运动。

1. 脂肪在人体内的代谢过程

首先，脂肪具有疏水性，它借助机体自身以及机体摄入的各种乳化剂形成乳浊液，在机体的水环境中被酶解，形成甘油、游离脂肪酸和单酰甘油，以及少量的二酰甘油和未经消化的三酰甘油。其次，脂肪通过小肠上皮细胞直接吞饮脂肪微粒或脂肪微粒的各种成分的方式进入小肠上皮细胞形成乳糜微粒被吸收。乳糜微粒和分子较大的脂肪酸进入淋巴管，甘油和分子较小的脂肪酸溶于水，扩散入毛细血管。脂肪进一步分解成二碳单位，最终生成二氧化碳和水。

2. 健美操运动中的脂肪代谢

在健美操运动过程中，只有长时间的有氧运动才能动员脂肪供能，运动时间越长，脂肪的供能比例就会越大。健美操运动作为一种有氧运动，可以提高机体氧化利用脂肪酸的能力，长期运动可以改善血脂浓度，降低血浆中 LDL 含量，增加血浆中 HDL 含量，还可以减少体脂的积累，有效改善形体，具有减肥、健美的功能。

（三）水、盐代谢

1. 水代谢对健美操运动中人体的影响和作用

水作为人体内最重要的组成成分，在人体组织中含量最多。在成人体内水的含量占到体重的 65% 左右，而在婴儿体内水的含量达到体重的 80%。人体内的水分布于各种器官组织及体液中。水的代谢有很重要的生理意义，有维持体温的作用。水的比热容高，温度不易改变，所以当进行健美操运动时，体内产生热量的增多或减少都会引起体温的显著变动。水的蒸发热高，所以蒸发少量的汗就能消耗大量的热，能够迅速帮助机体排出多余的热量，保持机体内环境温度的稳定。

2. 无机盐代谢对健美操运动中人体的影响和作用

无机盐是组成细胞组织的成分，具有维持渗透压、维持血液的酸度等多种功能。在健美操运动时，最好不要一次性饮入大量水，这样会导致血液稀释、血量增加，增加心脏的负担。此外，大量的水进入胃中，会超过机体的吸收速度，储留的水会稀释胃液，影响消化。若大量饮水后继续运动，水在胃中晃动，还会引起呕吐或不适感。因此，在健美操运动时，饮水要遵循少量、多次的原则。一般在开始运动前 10 ～ 15 分钟可饮 400 ～ 600 毫升水，以增加体内水的临时储备，而运动中也可每 15 ～ 20 分钟饮 100 ～ 150 毫升水，这样既可以随时保持体内水的平衡，又能较好地维持运动中的生理机能，减轻心脏和胃的负担。

（四）蛋白质代谢

蛋白质为一切生命活动的进行提供了基础。蛋白质由氨基酸构成，主要用于细胞成分的修补、建造、重新合成和细胞的自我更新，它还是激素、酶等生物活性物质的主要组成成分，可在人运动时为机体提供能量。体内多余的糖和脂肪会经代谢储存在体内，蛋白质则不同，会经肝脏分解后再通过肾脏排出，不会储存在体内。因此，正常人通常每日摄入蛋白质的量可与消耗量看齐，以保持蛋白质平衡。

1. 蛋白质在人体内的代谢过程

首先，在消化液作用下，蛋白质分子分解为氨基酸，被小肠吸收。吸收后，几乎全部通过毛细血管进入血液，可在各种不同的组织中重新合成蛋白质。经脱氨基作用等代谢过程，最终生成氨、二氧化碳和水。氨基酸在分解代谢过程中释放能量。

2.补充蛋白质对健美操运动的影响

亮氨酸、异亮氨酸和缬氨酸比例为 2 : 1 : 1 的混合物，在促进肌肉力量的增长方面是最基本和最关键的物质，尤其可以满足高强度负荷后机体对蛋白质的需求，因而常被作为高强度健美操运动后较为理想的营养补剂。

无论是哪种健美操项目，都会促进蛋白质的分解和合成代谢。通过健美操的练习，人体消耗了部分蛋白质，这也必将破坏很多组织细胞，从而加强了蛋白质的修补和再生过程。因此，健美操训练后要有针对性地增加蛋白质的补充，以保证运动效果。

蛋白质的代谢受到多种激素的影响，其中甲状腺素和肾上腺素能促进蛋白质的分解，表现为甲亢时，甲状腺素分泌增加，人体蛋白质分解增加，人体逐渐消瘦；当生长激素分泌增加时，会促进人体蛋白质的合成，从而让肌肉变得更加健壮。

二、健美操运动的能量代谢

能量代谢主要有发生在体内的能量转移和人体与外界环境之间进行的能量交换两种过程。能量代谢与物质代谢之间关系十分密切。能量代谢就是体内的糖、脂肪和蛋白质等蕴含能量的物质释放化学能，满足机体运动所需的过程。在练习健美操时，人体对能量的消耗会增大，其增长幅度直接受健美操训练时长和强度的影响，训练者对健美操动作的熟练程度与训练水平也能影响能量消耗。以下为发生在健美操运动过程中的几种供能方式。

（一）磷酸原供能

健美操运动的直接能源来源于三磷酸腺苷（ATP），它是人体其他任何细胞活动（如腺细胞的分泌、神经细胞的兴奋过程中的离子运转）的直接能源，主要储存在细胞中。ATP 在肌肉中的储存量并不决定 ATP 主要作用的发挥，最重要的是 ATP 能否迅速合成。

ATP-CP 合称为磷酸原，CP 又称为磷酸肌酸，是储存在肌细胞中与 ATP 紧密相关的另一种高能磷化物，分解时能释放出能量。在机体内部，由 ATP-CP 分解反应组成的供能系统称为磷酸原供能系统。

肌肉收缩时，ATP 是将化学能转变为机械能的唯一直接能源，人们在进行健美操运动锻炼时，ATP 转换率会升高，且与训练强度成正比。训练强度越大，ATP 转换率越高，机体对骨骼肌磷酸原供能的依赖性越大。

当肌肉收缩且强度很大时，随着 ATP 的迅速分解，CP 随之迅速分解放能。肌肉在安静的状态下，高能磷化物以 CP 的形式积累，故肌细胞中 CP 的含量要比 ATP 多 3～5 倍。但是，当人体进行健美操运动时，这些供能物质还是有限的，随着运动时间的延长，必须有其他能源来完成供应 ATP 再合成，才能使肌肉活动持续下去。

CP 供能对 ATP 再合成非常重要，这种重要性表现不在其含量上，而在其快速可动用性上，既不需氧，又不产生乳酸。但是，CP 和 ATP 不能直接作为营养补充，因为分子过大，不能被人体吸收。但是，肌酸能够合成 CP 也能够被人体直接吸收，进而为合成 ATP 所用，因而在补充能量时可以适当补充肌酸。

磷酸原供能系统中，ATP，CP 均以水解分子内高能磷酸基团的方式供能，因而在最开始进行健美操运动时，机体会首选磷酸原供能系统进行供能。

（二）糖无氧酵解供能

健美操运动中有几种运动类型运动强度很大，如竞技健美操等，在训练时，运动者体内磷酸原系统的能量供应远不能满足运动时庞大的能量需要，同时机体还需要很大的供氧量。这时，糖无氧酵解就起到了重要作用。糖无氧酵解指在无氧条件下，糖原或葡萄糖被分解成乳酸，并生成少量 ATP 的反应过程。缺氧时，乳酸脱氢酶通过催化作用使丙酮酸接受磷酸丙糖脱下的氢，发生还原反应，产生乳酸。在获取充足的氧气后，无糖酵解产生的乳酸有两个去向，一是在线粒体中经氧化作用向机体供应能量，二是合成肝糖原等成为人体储存。乳酸是一种强酸，当体内积聚的乳酸过多时，体内环境原本的酸碱平衡就会被破坏，降低肌肉工作能力，导致肌肉暂时性疲劳。

机体内部糖酵解的过程：首先，糖从葡萄糖生成 2 个磷酸丙糖；其次，磷酸丙糖转化为丙酮酸，生成 ATP。在有氧的条件下，丙酮酸可进一步氧化分解生成二氧化碳和水。在健美操运动刚开始时，ATP 会在 ATP 酶催化下迅速水解释放能量。一旦机体中 ATP 的浓度下降，CP 就会立刻分解释放出能量，以促进 ATP 的合成。肌肉利用 CP 的同时，糖酵解过程被激活，肌糖原迅速分解，提供运动中所需要的能量。这是一个连续的过程，在运动中，糖无氧酵解发挥着重要的作用。

（三）有氧代谢供能

在有氧健美操运动中，当氧的供应充足时，糖、脂肪、蛋白质会被彻底氧化成水和二氧化碳，机体的这个反应过程为机体的有氧氧化，即有氧代谢。有氧氧化能够提供大量的能量，从而能使肌肉在较长时间内进行工作。例如，由葡萄糖有氧氧化所产生的 ATP 为无氧糖酵解供能的 19 倍。ATP 和 CP 的最终再合成以及糖酵解产物乳酸的消除都要通过有氧氧化来实现。有氧健美操可以更加快速、有效地消除无氧代谢过程中所产生的乳酸，延缓疲劳，因而有氧健美操的训练能力是竞技健美操训练能力的基础。

在健美操运动过程中，机体的骨骼肌通过糖、脂肪、蛋白质三大能源物质的有氧代谢释放能量，合成 ATP，从而构成有氧代谢供能系统。在机体的有氧代谢供能系统中，首先，体内糖原储量较多，肌糖原耗尽需要 1 ～ 2 小时的小强度运动；其次，体内的脂肪储量丰富，是安静或低中强度运动下的主要供能物质，它的氧化过程对糖有依赖性，其供能的比例会随健美操运动强度的增大而降低，随着健美操运动持续时间的延长而增加；最后，蛋白质的供能要在长于 30 分钟的高强度运动中才会参与，并与肌糖原的储备有关，当糖原储备充足时，蛋白质的供能仅占总热能的 5% 左右，肌糖源耗竭时，蛋白质的供能达到总热能的 10% ～ 15%。

有氧代谢供能的效果受到很多因素的影响，氧从空气到肌肉的整个过程所经过的每一个系统都会对有氧代谢供能效果产生影响，具体来说，主要有以下几个方面。

1. 呼吸系统对有氧代谢供能的影响

呼吸频率大或者呼吸深度越大，肺通气量就越大，吸入体内的氧气量也就越多。由于解剖无效腔的存在，在健美操运动过程中主要通过加大呼吸深度来消除解剖无效腔的影响，提高氧气进入体内的效率。

2. 血液系统对有氧代谢供能的影响

血红蛋白执行氧运输任务，因而血红蛋白的数量会对有氧耐力产生很大的影响。如果血红蛋白的含量低于正常人，必将影响运动者的有氧代谢能力。因此，要在运动过程中进行定期的测量，监测血红蛋白含量的变化，防微杜渐。

3. 循环系统对有氧代谢供能的影响

心脏泵血功能对健美操运动影响非常大，在运动的初期，有氧氧化能力的增加主要依赖于心排血量的增加。

三、健美操运动对生理健康的影响

随着当代大学生对全面发展自身的重视程度越来越深，健康的体魄与完美的形象成为其长久的追求，健美操运动因此成为他们生活中的一部分。练习健美操不仅能使大学生拥有发达有弹性的肌肉、流畅的身体线条，还能促进其心血管系统、呼吸系统、运动系统等系统相关器官内脏的健康发展。

（一）健美操运动对心血管系统的作用

人体的生命活动主要是凭借血液循环和外界进行物质交换的，循环停止也就代表人的生命终止了。可见，心血管系统对人体生存具有重要意义。

1. 健美操运动可以提高血液循环的质量

一般正常人的血液总量只占体重的 8%，而经常参加健美操运动锻炼的人血液总量约占体重的 10%，且血液的重新分配机能高，这就保证了人体在承受较大的生理负荷时，能经过神经系统的调节，反射性引起肝和脾释放储存的血液；同时，血管的收缩和舒张动员了大量血液参加循环，保证了肌肉活动时的血液供给。

人体中血管的收缩和舒张加快，血管壁的弹性也会随之增强，使冠状动脉口径增粗、毛细血管的数量增加，对心血管疾病的预防起到很重要的作用，并可以防止血管硬化。经常参加健美操运动锻炼的人，体内还会产生一种高密度脂蛋白粒子（HDL2），HDL2 具有清理和打扫沉积在血管上的脂肪和胆固醇的作用，可以有效防止血管堵塞，保障正常的血液循环。

2. 健美操运动可以改善心肺功能

经常练习健美操可以增加人体内心肌肌红蛋白的含量，增大供血量，提高组织代谢能力，拓宽和强化心肌纤维，达到强化心脏的效果。外形丰满、搏动有力的心脏才是健康的心脏，而经常练习健美操可以增厚心壁，增大心腔，提高心脏的收缩能力，扩大心容量。通常情况下，一个普通人的心脏有 765 ～ 785 毫升的容量，经常进行健美操锻炼的人的心脏容量可扩大到 1015 ～ 1027 毫升，每搏和每分钟输出的血液量也都比普通人多。

（二）健美操运动对呼吸系统的作用

从生理发育特征来看，大学生大多已经进入青年中期，呼吸肌增强，呼吸深度加大，男生呼吸频率约为 18 次 / 分，女生比男生快 1 ～ 2 次，肺活量也达到了成年人的水平。

人体一切活动所需要的能量和维持体温的热量都来自体内营养物质的氧化，氧化过程需要不断消耗氧产生二氧化碳，这就形成了呼吸过程。呼吸就是机体和外界环境之间的吐故纳新，以及实现人体内部气体变换的过程。因此，呼吸系统作为人体生命活动的主要标志，对人体的健康发展有着重要的作用。

1. 健美操能够有效提高呼吸系统的机能水平

经常进行健美操运动会使机体的呼吸频率相对降低，呼吸深度加大，由于呼吸肌的力量增强，肺泡弹性增大，肺活量和肺通气量的指标明显增大。例如，一般成年女子的肺活量为 2 500 毫升左右，成年男子的肺活量为 3 500 毫升左右。安静状态下一般人的呼吸频率为 12 ～ 16 次 / 分，肺通气量为 6 ～ 8 升，而经常参加健美操运动的人呼吸频率仅为 8 ～ 12 次 / 分，这就可达到同样的肺通气量。呼吸系统机能水平的提高和改善，无论是对保持健康还是对预防疾病都具有非常重要的作用。

2. 健美操运动能够有效促进呼吸器官结构的改变

健美操尤其是竞技健美操运动强度比较大，肌肉活动比较剧烈，需要消耗的氧气量、产生的二氧化碳量都会很大，这就促使呼吸系统必须加倍工作从而适应机体活动的需要，因而人体呼吸频率加快，呼吸次数增加，呼吸深度加深，胸廓活动度加大，尤其是在大负荷的健美操练习时，呼吸次数可增到 40 ～ 50 次 / 分，每次吸入空气量达到 2 500 毫升，是安静时的 5 倍。同时，由于运动时对氧的需求量增加，肺泡会最大限度地参与气体的交换，这对肺泡的生长发育及弹性的改善都有积极的作用。经常参加健美操运动的人，其胸围一般要比同龄的不参加运动的人大 3 ~ 5 厘米，呼吸差也增加到 9 ~ 16 厘米。

（三）健美操运动对运动系统的作用

人体的运动系统由骨骼、肌肉、关节和韧带组成。骨骼是人体的支架，关节是骨与骨之间连接的枢纽，附着在骨骼上的是肌肉。韧带在关节的周围，起着连接两骨和加固关节的作用。机体之所以能够进行各种健美操运动，主要是依靠运动系统，而其动力来源于运动系统中的肌肉。肌肉增长的主要表现是肌纤维变粗和横断面积增大、肌肉重量增加、收缩力明显增强。

1. 健美操运动能够提高关节的柔韧性和灵活性

经常参加健美操运动的人，关节周围的肌肉和韧带得到了增强，从而使关节囊的力量和关节的稳固性也得到加强；同时，使关节周围的肌肉、韧带的伸展性得到改善，扩大了关节运动的幅度，提高了关节的灵活性。

2. 健美操运动能促进结构机能的有利变化

高负荷的健美操运动后，肌体组织处于极度饥渴的状态，因而会为了超量恢复而极力摄取更多营养。这就使得肌肉中的毛细血管网增多，结缔组织也逐渐增多，肌肉纤维增粗，肌肉的生理横断面增大、体积增加，皮下脂肪减少。肌肉含量增加，脂肪含量就会相对下降，使人体基础代谢率提高，有利于人体健康；同时还可以加强肌肉收缩时的力量，使肌肉的收缩速度加快，灵活性、耐久性提高，弹性、柔韧性增强。

3. 健美操运动有利于强化骨结构，提高骨性能

经常参加健美操运动的人，由于其新陈代谢增强、血液循环加快，故骨结构和性能也随之发生了变化，主要表现为骨的长度增加，骨径变粗，骨密质增厚，骨小梁的排列根据拉力和压力的不同更加整齐和有规律，骨表面肌肉附着突起增大。这种结构上的变化都使骨更加坚固、粗壮，提高了骨的抗弯、抗断、抗压性能，同时还能刺激软骨的增生，对人体的长高有很大的作用。

第二节　健美操运动的心理学基础

一、健美操运动与心理效应

健美操运动的心理学基础主要反映在运动过程中参与者的个体心理方面。健美操运动可以调节人的心理，使人们的心理朝着健康的方向发展，还可以培养人们优良的心理品质，而优良的心理品质又对体育具有重要的促进作用。实验研究证明，人的各种心理过程和个性心理特征跟人们运动行为的关系非常密切，它们直接影响着人们参加健美操运动的自觉性、积极性和主动性。而健美操运动训练又会不断提高、改善和调节人们的心理水平。具体来说，健美操运动的心理效应主要表现在以下几个方面。

（一）健美操与动机

健美操运动是基于对体魄的锻炼，又以音乐辅助，使人保持生理、心理健康状态的体育健身项目。练习健美操的人往往会被练习环境、音乐、指导员的技能水平等吸引，产生好奇心理，这在人们看来就是练习的动机。动机指能够推动个体进行某项活动的内部动力或心理动力，其具有激励人向预定目标进行活动、满足个体需求的作用。由于不同个体有不同的生活环境和个性心理，因此，个体进行健美操锻炼的指向、心理需要、深广度、动机层次等也不同。例如，有些人出于强身健体的需要进行健美操锻炼，而有的人则受周围人的影响练习健美操。通常情况下，最强的动机一般都源于个体在某一时刻形成的最强烈的动机，这一动机推动人们产生相应的行为。人们练习健美操的动机是复杂、多元、综合的，各类群体练习健美操的动机主要有以下几种。

第一，为了强身健体而参加健美操运动。

第二，为了磨炼意志而参加健美操运动。

第三，为了满足精神需求而参加健美操运动。

第四，为了消遣和寻求刺激而参加健美操运动。

第五，为了丰富自己的审美情趣，或出于减肥需要而参加健美操运动。

第六，为了丰富社会经验，结交新朋友或维护和扩大现存的友谊关系而参加健美操运动。

（二）健美操与情绪、情感

人是情感丰富的生命体，生活中处处可以体现人的情感，各种因素都可能引起人的情感变化。情感能通过错综复杂的心理情绪表现出来，情绪能反映人的需要是否得到满足，还能反映人对某些事物的感受和体验。研究表示，个体无论是进行一次性的健美操练习，还是长久坚持锻炼健美操，都会给情绪带来正面的影响。社会环境的复杂多变总使人产生压抑、忧愁或者紧张等不良情绪，大学生也常常因为烦恼考试和担忧未来就业而产生忧愁、焦虑等负面情绪。练习健美操可以对人的情感体验与心理情绪产生很大影响。无论是练习表演健美操，还是训练竞技健美操，练习者都会产生复杂的情感变化，包括情感的宣泄、融合等，这能帮助个体消除和转移不良的情绪、意识及行为。对大学生而言，这种丰富的情感体验与有效调节情感的方式能提高其自我调节的能力，有利于其心理健康发展。人们在实际生活中，也可以通过健美操运动对自己的情绪情感进行调节。

练习健美操能够对情绪产生长期与短期两种效应。相关研究证明，长期进行中等强度、有规律的健美操训练，可以改善人的情绪状态，有效提高人控制和调节情绪的能力，保持心理健康；人在进行短时间的运动训练后，其抑郁、困惑、愤怒、紧张、焦虑等不良情绪也可以得到显著改善。大学生经常练习健美操，有助于提升其与人沟通、交际的能力，使其形成互相体谅、互谦互让的良好素质，增强其心理上的安全感与归属感，同时可以增强其对社会环境的适应能力，帮助其提高对考试压力、工作压力、生活压力、竞争压力等的抵抗力和耐受力，增强其心理调节能力，使其保持稳定、健康、积极、乐观的心理状态。

（三）健美操与意志品质

练习健美操能帮助人形成坚强的意志品质，使人具备勇于克服生活、学习、工作中的困难，达成理想目标的心理素质。意志品质的培养离不开"明确目的"与"克服困难"这两个重要条件，健美操运动能使练习者具备这两个条件。在健美操锻炼过程中，练习者通常有明确的锻炼目标，并需要不断克服天气变化、意外障碍、动作难度等客观困难和畏惧心理、运动损伤、身体疲劳等主观困难，这要求练习者有足够强大的意志力量。只有努力克服各种困难，才能实现强身健体、美体塑形、调节状态等锻炼目标。练习健美操是培养大学生意志品质的有效方式。健美操对大学生意志品质的教育主要体现为，它能使大学生勇于面对锻炼过程中的失败与挫折，努力克服各种障碍与困难，以顽强的毅力、坚忍的精神、充沛的精力完成任务，实现目标。同时，练习健美操能陶冶人的情操，使人的精神面貌焕发新的光彩，获得更多的活力与生机，并在音乐潜移默化的影响下，驱散疲劳，净化心灵，陶冶情操。

（四）健美操与认知能力

人自出生起就具备了一定的认知能力。认知能力不仅受遗传因素影响，而且会受到心理、年龄、外界环境等各个方面因素的影响。研究发现，经常练习健美操能对人的认知能力产生显著影响。健美操有多个类型，各种类型的健美操都有一个共同特点，那就是要求运动者在运动时能迅速对外界事物进行精准的感知与判断，并依据判断结果对自己的身体做出适当调整，以保证动作能顺利、完美地完成。从这一点上看，长久练习健美操可以使人的知觉与感觉能力得到训练，提升人的判断能力与反应速度，使人变得更加灵活、敏锐。而健美操中的竞技健美操还能锻炼和增强人的记忆能力、判断能力、创造力、美的表现力和想象力等。在刚开始接触和练习健美操运动时，练习者可以在指导员的指导下，通过音乐、节奏、感官、情绪变化等，结合已有的认知，创造出此前没有过的新的动作形象和动作技术。

认知能力是人智力的一种体现，了解人的认知能力就可以了解人的智力高低。而经常练习健美操有助于智力发育，能提高运动者的记忆能力、思维能力、注意力、反应能力和想象能力等，对运动者具有延缓疲劳、调节情绪、打开思路、促进智力发育等作用。

（五）健美操与美感

美感是关于客观事物或者人的言论、行动、思想、意图是否符合人的审美需要而产生的一种情感。健美操运动优美、富有活力、动作强劲、节奏感强等特点都能让大学生产生美的情感。健美操运动能够给人以大方、自然、热情、协调、健康的美的感受。美感是很复杂的，从体验的角度来看，主要有两个方面的特点：第一，美感是一种愉快的体验；第二，美感是一种倾向性的体验。

美感表现为对美好事物的肯定，促使人重复去欣赏，对它感到亲切、迷恋。美感是人在社会性需要的基础上产生的，为人所独有。这种情感在人的整个情绪生活中占有主要地位，对人类生活起到十分重要的作用。健美操运动的艺术性很强，经常参加健美操运动对个体韵律感和节奏感的增强有促进作用，从而能够提高个体认识美、表现美和创造美的能力。

二、心理因素对健美操运动的影响

良好的心理因素对健美操运动具有重要影响。竞技健美操比拼的是练习者高超的技艺，要求每个练习者都必须具有较高的运动心理素质，为其技艺的充分表现和最终获得理想成绩提供保障。健美操表演同样要求练习者有较好的心理素质，以保证练习者在舞台上将自己高超的技艺和优美的身姿更好地表现出来。

（一）智力对健美操运动的影响

人的身体活动与智力发展息息相关。随着年龄的不断增长，大学生的身体活动能力发展与智力发展逐渐分化开来，两种能力之间的关系看似相关度很低，但仍保持着一定联系。健美操运动通常要求运动者以敏锐的观察能力、快速的思维能力、精准的记忆能力、丰富的想象能力、准确的判断能力等各种智力层面的能力与机体运动协同作用，在两种能力的互相配合下完成整个运动，而非机械性地做出相同的动作。由此可以看出，智力对健美操运动来说是必不可少的。

（二）情绪对健美操运动的影响

良好的情绪能明显地提高人的活动能力，促进人体运动能力的提高，使人精神焕发、干劲倍增、积极主动、坚韧不拔、持之以恒；不良的情绪则使人表现为精神不振、无精打采、心灰意冷、注意力不集中等。健美操运动是一种散发着热情、活力四射的运动项目，健美操运动者须以自己的情绪去感染观赏者的情绪。因此，时刻洋溢着愉快、热情是对每个健美操运动者的运动要求。

如果人们在健身运动过程中情绪不稳定、自控能力差、心慌意乱、忧心忡忡，就很难掌握好动作技能；反之，如果情绪稳定、精神饱满、注意力集中，就会取得很好的运动效果。

（三）良好的意志能够促使健身运动取得理想的效果

由前所述可知，健美操运动能够培养大学生坚强的意志品质。坚强的意志品质同样也有利于健美操运动，如对掌握动作技能、提高运动成绩、增强身体素质等都十分有益。

首先，与日常生活相比，在健美操运动中，人体肌肉紧张程度更高，而且面临着在不同困难条件和情景下完成各种动作的要求，此时坚强的意志力能够促进各种动作的完美完成。

其次，大学生在参加健美操运动时，需要高度集中注意力，在意志的努力作用下，克服外部和内部刺激的不良影响。

最后，大学生在参与健美操运动时，机体各系统全面运转容易导致疲劳，甚至是运动损伤，意志坚强者能够克服由于疲劳和运动损伤而产生的消极情绪，并积极坚持健美操训练。

第三章　高校健身健美操训练研究

第一节　高校健身健美操基本动作训练研究

一、头颈部动作训练

（一）屈

头部向前、后、左、右四个方向分别做颈部关节弯曲的运动，包括前屈、后屈、左侧屈、右侧屈。注意身体正直，做动作时应缓慢，充分伸展颈部肌肉。

（二）转

头保持正直，然后头颈部沿身体垂直轴向左、右转动90°。注意下颌平稳地左右转动。

（三）环绕

头保持正直，然后头颈部沿身体垂直轴向左或右转动360°，两动作一致，方向相反。注意转动时头部要匀速缓慢，不要过快；动作要到位，向后转时头要后仰。

二、肩部动作训练

（一）提肩

双脚开立，身体保持正直，肩部沿身体垂直轴向上提起。动作变化包括单提肩、双提肩。注意尽可能向上提起，提肩时身体不能摆动。

（二）沉肩

双脚开立，身体保持正直，肩部沿身体垂直轴向下沉落。动作变化有单肩下沉、双肩下沉。注意尽可能向下沉落，沉肩时身体不能摆动，头尽量往上伸展。

（三）绕肩

双脚开立，身体保持正直，肩部沿身体前、后、上、下四个方向进行绕动。动作变化包括单肩环绕、双肩环绕。注意绕肩时身体不能摆动，动作要尽量大，舒展开。

三、上肢动作训练

（一）基本手型

（1）合掌。五指并拢伸直。

（2）分掌。五指用力分开，手腕保持一定的紧张程度。

（3）拳。五指弯曲紧握，大拇指压在食指弯曲部位。

（4）推掌。手掌用力上翘，五指自然弯曲。

（5）西班牙舞手势。五指用力，小指、无名指、中指自掌指关节处依次弯曲，拇指稍内扣。

（6）芭蕾手势。五指微屈、后三指并拢，稍内收，拇指内扣。

（7）一指式。握拳，食指伸直或拇指伸直。

（8）响指。拇指与中指摩擦与食指打响，无名指、小指弯曲。

（二）举

以肩关节为中心，手臂进行活动。动作包括前举、后举、侧举、侧上举、侧下举、上举等变化。注意动作到位，有力度。

（三）屈

肘关节由弯曲到伸直或由伸直到弯曲的动作。动作包括胸前平屈、肩侧屈、肩上侧屈、肩下侧屈、胸前上屈、头后屈等变化。注意关节做弹性的屈伸。

（四）绕、绕环

双臂或单臂以肩为轴做弧线运动。动作包括双臂或单臂向内、外、前、后绕或环绕等变化。注意路线清晰，起始和结束动作位置明确。

四、躯干动作训练

（一）胸部动作

1.含胸、挺胸

含胸时，低头收腹，收肩，形成背弓，呼气；挺胸时，抬头挺胸，展肩，吸气。动作有手臂胸前平屈含胸、手臂侧平举展胸变化。注意含胸时身体放松，但不松懈；挺胸时，身体紧张，但不僵硬。

2.移胸

移胸时，髋部位置固定，腰腹随胸部左右移动。动作可以有左右移动变化。注意移胸时，腰腹带动胸部移动，动作要尽量大。

（二）腰部动作

1.屈

腰部向前或向侧做拉伸运动。动作变化包括前屈、后屈、侧屈。注意充分伸展，运动速度不宜过快。

2.转

腰部带动身体沿垂直轴左右转动。动作变化有迈步移动重心与转腰运动结合。注意身体保持紧张，腰部灵活转动。

3.绕和环绕

腰部做弧线或圆周运动。动作变化包括与手臂动作相结合进行腰部绕和环绕。注意路线清晰、动作圆润。

（三）髋部动作

1. 顶髋

双腿开立，一腿支撑并伸直，另一腿屈膝内扣，上体保持正直，用力将髋顶出。动作变化包括双手叉腰顶髋、左顶、右顶、后顶、前顶。注意动作用力且有节奏感。

2. 提髋

髋向上提。动作变化包括左提、右提。注意髋与腿部协调向上。

3. 绕和环绕

髋做弧线或圆周运动。动作变化包括左、右方向进行绕和环绕动作。注意运动轨迹要圆滑。

五、下肢动作训练

（一）立

1. 直立、开立

身体直立，再打开双腿，做开立动作。注意直立时身体要抬头挺胸，开立时两脚的间距约与肩相等。

2. 点立

先直立，再伸出一条腿做点立或双腿提起做提踵立。动作变化包括侧点立、前点立、后点立、提踵立。注意动作要舒展。

（二）弓步

直立后，大步迈出一腿，做屈腿动作。动作变化包括前弓步、侧弓步、后弓步。注意步子迈出不能太小，当然也不能太大。

（三）踢

双腿交换做踢腿动作。动作变化有前踢、侧踢、后踢。注意动作要干净利落。

（四）弹

双腿进行弹动动作。动作变化有正弹腿、侧弹腿。注意双腿要有弹性。

（五）跳

做各种姿势进行腿部练习。动作变化有并腿跳、开并腿跳、踢腿跳。注意跳时要有力度和弹性。

第二节　高校健身健美操难度动作训练研究

普通高校大学生在身体素质、健身健美操训练时间等方面的情况与专业院校及专业队伍存在较大的差距，对大多数大学生来说，健美操的一些动作训练具有一定难度，所以为提升健身健美操运动整体水平，需要解决难度动作的训练问题。对此，高校需要深入研究提升健身健美操难度训练的有效对策，总结经验，结合学生实际情况，加强训练效果。

一、健身健美操专项训练内容确定依据

在确定健身健美操训练内容时，需要综合考虑健身健美操运动特点。第一，依据学生机体能量代谢情况确定训练难度。健身健美操运动主要以有氧供能为主，穿插无氧供能动作。第二，结合健身健美操运动难度技术特点确定训练内容。健身健美操难度技术动作主要包含了支撑、俯撑、倒地、跳跃等动作，而完成这些难度动作需要运动人员具备一定的肌肉力量，如速度、耐力等。因此，为了使学生更好地完成健身健美操的技术动作，需要先对学生进行一定的专项素质训练，进而使之达到每个难度动作的技术要求。这就需要高校教师在选择训练内容时，注意动作结构、肌肉用力方式等问题，利

用相似的动作进行训练，以更好地发挥难度动作训练效果，促进学生技术动作水平的提高。第三，依据人体力量增长原理确定训练内容。当人体肌肉受到外界刺激时，会产生适应性反应。不同程度的刺激，会导致人体产生不同程度的生理反应。因此，在进行健身健美操运动时，为提升学生肌肉力量，可以通过生理过程，以及发生刺激、产生反应、学会适应，再次增加刺激，而后逐步适应，达到提升力量的目的。

二、健身健美操学生身体素质

通常，身体素质包含一般身体素质、专项身体素质，这二者属于一个有机完整的系统。对于人体而言，各项身体素质之间是相互影响、相互促进的。其中，一般身体素质主要包括力量、柔韧、速度、灵敏、耐力、协调性等方面，而健身健美操的不同技术动作，具有不同的运动特点，所以对应的身体素质便存在差异。从健身健美操整体运动过程看，通过音乐伴奏，完成连贯的动作，此类运动需要学生具备良好的乐感，同时身体四肢需要具备良好的柔韧性及协调性；此外，还需要根据音乐灵敏地转换不同的动作，提升动作美感。因此，高校在日常身体训练过程中，需要突出侧重点。

在健身健美操动作训练中，随着动作难度的提高，对学生专项身体素质的要求也会提高，这便使得专项身体素质需求不断提升。在一般身体素质基础上，高校教师需要充分结合已有的训练实践经验及相关理论，实施多项身体训练。从运动训练各个阶段看，主要呈现出 3 个层次，即创造良好成绩阶段、专项化训练阶段、全面发展阶段，而身体素质在其中是最为基础也是最为重要的部分。因此，在高校健身健美操训练过程中，教师需要采用切实可行的方法进行难度动作的训练。例如，学生如果在乐感、协调性方面较为突出，但是力量、弹跳力较差，就可以有针对性地加强力量、弹跳等方面的练习，从而提升其综合能力。由于健身健美操整体运动有一定的特殊性，需要跳跃动作达到一定高度，否则难以在有限的时间内完成动作，所以跑、跳类是学生需要具备的最基本的身体素质，因而需要在提升一般身体素质基础上，增加专项训练，进而提升整体身体素质，以顺利完成难度动作，提高健身健美操运动技术水平。

三、考虑学生实际情况进行难度动作训练

在健身健美操比赛中，对难度动作组别数量分配有一定的规则标准，见表 3-1 所示。从表中不难发现，虽然健身健美操具有一定的难度动作，但不是高难度的动作都集中到一起，所以，高校在实际训练过程中，如果一味地追求难度动作，并不符合实际健身健美操运动需求，反而会导致难度动作完成效果不好，这对健身健美操整体质量存在非常严重的影响；与此同时，也会增加运动损伤风险，对学生运动信心造成不利影响。但是，如果大幅降低难度动作的训练水平，同样会阻碍学生竞技水平的提升。因此，高校教师需要全面规划健身健美操难度动作的训练内容，衡量好训练程度。

表 3-1　健身健美操比赛规则中难度动作组别数量分配表

组别	A	B	C	D	数量	总分
分值（分）	2.0	4.0	6.0	8.0	—	—
冠军赛难度动作数量	—	2	2	—	4	20
锦标赛难度动作数量	3	2	1	—	6	20

在难度动作训练编排过程中，教师要遵循"合理控制高难度动作训练程度，把控好难度动作训练效果"的原则，与此同时，还需要充分结合参与健身健美操运动的学生的实际情况，依据不同难度动作的各个难度水平，合理进行训练。对此，需要高校教师全面了解并掌握不同学生的情况，扬长避短。比如，其中一个学生的力量非常好，但是在柔韧性方面不足，对此，教师可以选择静力性力量训练，适当地提升难度动作水平，从而发挥出学生的长处，而在柔韧性相关难度动作训练过程中，则可以利用一些水平较低的动作进行训练，有效规避学生的短板。相反，也是同样的道理，结合学生实际情况，选择和训练难度动作，有效突出侧重点，使学生的难度整体水平得到不同程度的提高。

四、做好难度动作训练保护措施

在教学训练中，最为重要的一点就是要做好安全保护工作。良好的动作

保护与帮助，可以使学生动作掌握程度得到充分提高。引导学生了解、预防运动创伤问题，可以帮助学生从另一个角度建立动作正确概念。虽然，健身健美操整体动作较为轻快，但其中的难度动作仍具有一定的危险性，所以，高校教师在开展训练时，需要加强对学生的保护与帮助，避免出现不必要的损伤。在保护过程中，不仅需要注意保护方法，更要掌握好时机。

在健身健美操难度动作训练中，可以通过器械、他人、自我等方式进行保护。例如，在进行落地成俯撑的动作训练时，教师可以使用垫子进行防护，避免学生不慎摔倒在地造成不必要的伤害；而在训练跳跃动作时，对于难以提升高度的学生，教师可以采用扶住学生腰的方式，帮助学生全身向上用力，从而安全地完成动作，同时，也能够了解运动保护的重要性。而对于学生自己，需要学会自我保护，在每次训练前做好充分的准备活动，拉伸身体，在此过程中，教师需要做好监督工作。当学生在练习高难度动作时，教师需要引导其学会利用缓冲分散作用力，实施自我保护，如下地以双手或单手成支撑动作，需要掌握双手缓冲方法，否则非常容易使手腕、手、肘、肩等关节受伤。合理利用缓冲，学生能有效避免受到伤害。

除此之外，教师需要掌握好保护与撤保时机，通常情况下，在学生首次学习新动作或者初次提高动作难度时，尤其要注意做好保护措施。当学生掌握动作要领或者已经可以独立完成动作时，则不再需要进行保护，避免学生过于依赖保护和帮助，反而无法较好地完成健身健美操动作。例如，学生可以独立完成分腿跳下地成俯撑的难度动作，但却无法完成收腹跳下地成俯撑的难度动作，对此，教师借助绳子牵住学生的腰，帮助其完成，但是当把绳子取掉时，该学生依然不敢独立完成动作，出现了心理障碍，所以，鉴于此种情况，教师需要注意把控好保护和撤保的时机。

五、实施符合实际的有针对性辅助训练

在练习难度动作过程中，如果一味地急于完成难度动作，反而达不到训练目的。因此，高校教师可以从难度动作出发，根据其需要掌握技巧，实施一些辅助性练习，当学生掌握这些辅助性动作后，再逐步进行难度动作练习，这样可以有效提升学生对难度动作的掌握程度。例如，对于屈体分腿跳落地成俯撑动作，学生在进行屈体向后并腿时不够完全，即使是不断练习，其效果也不理想，对此，教师可以让队员先练习杠上、垫上的收腹举腿

动作，也可以练习把杆跳起向后并腿动作，还可以让学生进行跳起分腿等辅助训练。经过反复训练后，学生就可以较好地完成屈体分腿跳落地成俯撑动作。除此之外，部分学生在进行腾空落地成俯撑动作时，容易出现手腕关节疼痛的情况，对此，教师可以加强对学生腕关节的力量训练，可以借助哑铃进行屈腕练习，也可以进行墙前倒成俯撑推起练习，提高学生手腕部位的力量，增强手腕抵抗冲击力的能力。

六、采用分解练习法训练难度动作

在健身健美操难度动作训练中，教师可以采用分解练习法，将一个动作划分为不同的分解动作进行练习，从而有效帮助学生更好地掌握难度动作要领。从健身健美操动作来看，很多难度动作都属于复合性动作，所以，完全可以采用分解练习法进行动作分开练习。例如，屈体分腿跳转体180°落地纵劈叉，这属于高难度动作，如果想要一气呵成非常困难，所以，教师可以将动作分解成屈体分腿跳转体180°、跳起落地成纵劈叉两部分动作，引导学生分解进行练习，当掌握分解动作后，再合并为一个连贯动作，进而提升动作效果，使学生更好地掌握动作要领。在健身健美操中，此类动作非常多，如屈体跳转体180°落地成俯撑、分腿跳转体180°或360°落地成俯撑等，都可以采用此种分解法。但需要注意的是，对于分解的动作，两个动作之间要存在衔接的关系，防止完整动作的脱节，并不是简单的动作通过叠加后就成了高难度动作，因而需要注意难度动作的流畅性、完整性，进而提升训练效果。

第三节　高校轻器械健身健美操训练研究

高校轻器械健身健美操训练主要用到的器械有绳、哑铃、健身球等，本节主要对绳操、哑铃操和健身球操的训练方法进行研究。

一、绳操的训练方法

（一）绳操概述

绳操是在音乐伴奏下，持绳的两端，或将短绳对折或三折（绳绷直），通过上肢的举、屈、伸、绕环、转肩，躯干的屈、伸、绕、绕环转体，下肢的踢、屈、伸、摆越绳、跳跃及全身平衡等动作，达到锻炼身体、减少脂肪、愉悦身心等目的的一种有氧健美操锻炼方法。

绳操对绳的要求比较高，所使用的绳一般由棉质、麻质、棉麻混合或塑料材料制成。单人用绳长 2 ～ 2.3 米，双人和三人用绳长 2.5 ～ 3 米，专门用来跳长绳的绳长 5 ～ 7 米。

绳操具有健美操的所有特点，上、下肢运动均衡，并可根据练习者的体能情况调节运动量。它作为软器械可用于一些限制性练习，如拉伸等。同时，绳操大部分动作是跳跃，能更有效地增强心肺功能，具有明显的减脂瘦身功能。绳操是一项有氧运动，适宜的人群较为广泛，是一种非常受现代人欢迎的改善形体的健身运动项目。

绳操具有较为广泛的群众基础，简单易行，主要表现在三个方面：第一，绳为软器械，可折叠，方便携带，同时价格低廉，适合广大的健身人群；第二，练习者可根据自身的身高和实际需求来选择绳的长短、练习形式和练习方法，可选择以发展心肺功能、提高下肢的弹跳能力和身体耐力为主的跳绳练习，也可选择以提高身体协调性和柔韧性、改善形体为主的绳操；第三，练习内容简单易学，安全有效，又不受场地条件的限制，故实用性强。

（二）绳操的基本技术

绳操的基本技术主要包括摆动、绕环以及跳绳，具体如下。

1. 摆动

双手或单手握绳头，以肩为轴前后或左右摆动绳。摆动时肩放松，力量均匀，以控制绳形不变。

2. 绕环

双手或单手握绳头，以肩、肘或腕为轴在身体各个面上做各种绕环。在做绕环动作时，需要注意的是，绕环面要准确，绳不能触及身体。

3. 跳绳

跳绳分为双脚跳、单脚跳、高抬腿跳等形式，可做向前摇、向后摇、双摇、交叉摇等跳跃动作。跳绳时需要注意的是，双臂自然伸直，以手腕为轴摇绳，跳起时要轻松有弹性，落地时应有缓冲。

（三）绳操动作组合

1. 预备姿势

双手持四折绳于体前直立（以下所有动作以先出右脚为例）。

2. 第一个八拍

1～2拍：右脚向右做并步，同时两臂前平举并还原。
3～4拍：左脚向左做并步，同时左臂前上举，右臂前下举持绳并还原。
5～6拍：右脚向右做并步，同时两臂经上举至肩侧屈。
7～8拍：左脚向左做并步，同时两臂经上举并还原。

3. 第二个八拍

1～2拍：右脚向右前方迈出1步，左脚脚尖点地，同时两臂上举。
3～4拍：左腿并右腿同时两臂向后绕至下举。
5～8拍：同1～4拍动作，但前后、左右相反。

4. 第三个八拍

1～2拍：右脚向右侧1步并向右移重心，同时双手分别持绳头向右摆动绳。
3～4拍：同1～2拍动作，但左右相反。
5～8拍：右脚向右侧变换步同时两臂向右经上、左至右绕环一周。

5. 第四个八拍

1～4拍：右脚开始跑跳步，同时左手握双折绳头（两个头），右手握绳中段在体侧以右手腕为轴做向前的小绕环。

5～8拍：下肢动作同上，同时左手于右胸前，右臂上举以右手腕为轴做水平小绕环。

6. 第五个八拍

1～4拍：右腿、左腿依次向前弹踢，同时双手分别握绳头做体侧"8"字绕环。

5～8拍：后屈腿跳，同时做4次体侧"8"字绕环。

7. 第六个八拍

1～4拍：高抬腿前摇跳。

5～8拍：后屈腿前摇跳。

8. 第七个八拍

1～4拍：高抬腿交叉前摇跳。

5～8拍：后屈腿交叉前摇跳。

9. 第八个八拍

1～8拍：同第五个八拍中的1～4拍。

10. 第九个八拍

1～4拍：右脚向前走4步，同时左手于右腰间，右臂上举以肘为轴绕绳（绳缠身）。

5～8拍：右脚向后退4步，同时左手于右腰间，右臂上举以肘为轴绕绳（放绳）。

11. 第十个八拍

1～4拍：左脚开始向左走4步同时转体360°，双手握绳，头上摆动一周。

5～8拍：右脚开始向右走4步同时转体360°，右手握两绳头，左手握在绳中段将绳四折，还原至预备姿势。

二、哑铃操的训练方法

（一）哑铃操概述

哑铃操是在徒手健美操的基础上，手持哑铃进行身体练习的一种体育锻炼形式。哑铃又称手铃，一般根据其材质和制作手法等的不同分为三种：木制或者铁制的哑铃，健美操用的外有软包装带护把的哑铃，不带护把的哑铃。

由于哑铃材质的不同，其重量也会有一定的差异。一般可根据练习者的上肢力量来选择 1 磅、2 磅或 3 磅重的哑铃。哑铃握把长度为 10 ~ 12 厘米，直径为 3 厘米左右，铃头直径为 5 ~ 7 厘米，圆形或圆柱形护把的半径为 4 厘米左右。哑铃属短双器械，进行健美操训练时，两手各握一哑铃，动作灵活，不受器械的限制。

哑铃操正确的握铃方法为，四指并拢环握握把，拇指握压在食指第一指关节上，有护把的四指应从半圆形护把中穿过，使护把套在手背处，然后握住握把。

哑铃操具有非常重要的作用和意义，具体来说，主要表现在两个方面：首先，由于哑铃本身有一定的重量，所以对发展上肢各部位关节的柔韧性、灵活性和完成动作时肌肉的控制能力有较强的作用；其次，利用音乐配合哑铃操锻炼能够提高练习者的兴趣，降低疲劳感，提高身体的协调性。

（二）哑铃操的基本动作

1. 腿部动作

在哑铃操中，腿部的基本动作主要有提哑铃前冲、举哑铃蹲立。

（1）提哑铃前冲。

双手放在身体的两侧并各提一个哑铃，尽量让哑铃贴近身体。直立，保持背部平直、挺胸、收腹，骨盆略向前倾，双肩向后绷紧。

1 ~ 2 拍吸气，同时右脚向前迈一大步。双脚脚尖向前，屈右膝使右膝的位置与右脚脚后跟和脚趾的中间位置处于一条假想的直线上。

3 ~ 4 拍屈左膝，使其停在离地面 5 厘米处。

5 ～ 8 拍呼气，同时收右腿并利用脚后跟发力，使自己直立起来。交换腿重复练习 15 ～ 20 次，共 3 组。

在做提哑铃前冲动作时，需要注意使脚后跟、足踝骨、大腿和臀部保持在一条直线上，这样可以使膝盖和后背避免因压力过重而受伤。

（2）举哑铃蹲立。

双手放在身体的两侧并各提一哑铃直立，保持背部平直，挺胸，收腹，骨盆略向前倾，双脚分开，脚尖向前，微微屈膝，膝盖和脚保持在一条直线上。双眼向前看，将握在双手中的哑铃举过肩部、屈肘。

1 ～ 4 拍吸气，同时屈膝并慢慢下蹲，将身体的重量放在足踝骨上，挺胸并保持背部平直，使自己的膝盖和脚处于一条直线上，两腿处于平行状态。

5 ～ 8 拍呼气，同时慢慢站直身体，双臂放回到身体的两侧，并继续保持背部平直，脚后跟不离地。反复练习 10 ～ 20 次，共 4 组。

在进行举哑铃蹲立的动作时，需要注意两个方面：一方面，不要让自己的蹲立高度超过椅子的高度；另一方面，动作过程中脚后跟不离地。

2. 肩部动作

哑铃操的肩部动作主要有双臂两侧平举哑铃、双臂两侧上举哑铃。

（1）双臂两侧平举哑铃。

双脚分开站立，保持背部平直，挺胸，收腹，骨盆略向前倾，微微屈膝。双手各放在两条大腿前面，紧握哑铃，掌心相对，微微屈肘。

吸气，同时双臂各以半圆形的弧度由下至上地向身体的两侧平伸出去，使双臂保持在与肩部齐平的一条直线上，要尽量使腕关节始终保持平直的状态。稍停 2 秒再呼气，同时将哑铃慢慢地放回到大腿的前面位置。

在做双臂两侧平举哑铃动作时，需要注意两个方面：一方面，哑铃的重量要适宜，动作过程不要太快；另一方面，腕关节要始终保持平直。

（2）双臂两侧上举哑铃。

双脚分开站立与肩宽，双手放在身体两侧各提一个哑铃，举到与肩平齐的位置，掌心朝前，挺胸收腹，背部平直，吸气。

呼气，同时将哑铃举过头顶并让手臂伸直（但要微屈肘）。稍停 2 秒再吸气，同时将哑铃降到与肩部平齐的高度。反复练习 15 ～ 20 次，共 3 组。

在做双臂两侧上举哑铃动作时，需要注意的是，在举哑铃时要保持背部的平直，如果背部向后倾斜，就有可能拉伤背部肌肉。

3. 背部动作

哑铃操的背部动作主要有提哑铃耸肩、屈身提哑铃。

（1）提哑铃耸肩。

双手分别放在身体的两侧，手中各提一个哑铃，分腿直立，微屈膝，挺胸，收腹，骨盆略向前倾，双眼向前看。

吸气，同时慢慢地耸起双肩，并向后转动，要尽量使哑铃贴近身体，保持这一姿势 2 秒，再呼气，同时慢慢地落下双肩。反复练习 20 ~ 25 次，共 3 组。

在做提哑铃耸肩动作时，需要注意的是，练习时不要驼背，收胯，注意使头部与脊骨保持在一条直线上。

（2）屈身提哑铃。

双脚分开与肩稍宽，脚尖朝前，从臀开始向前屈身，双手紧握哑铃吸气。

呼气，同时慢慢地将哑铃提向腹部上方并保持背部平直，保持这一姿势 2 秒，再吸气，同时慢慢地将哑铃放回到地上。反复练习 10 ~ 15 次，共 3 组。

在做屈身提哑铃动作时，需要注意两个方面：一方面，在过程中一直保持屈膝状态；另一方面，哑铃重量要控制好。

4. 胸部动作

哑铃操的胸部动作主要有平躺向两侧举哑铃、抬膝平躺屈臂举哑铃。

（1）平躺向两侧举哑铃。

平躺在长凳上，收腹，使身体形成一个四方形，双手握哑铃，并将它们提到胸部附近上举，两脚分开并平踩在地上。

吸气，同时将双臂分别伸向身体的两侧，然后屈肘，双臂和肩部、胸部保持在同一水平位置，保持这一姿势 2 秒，再呼气，同时慢慢地让双臂一起回到胸部上方。反复练习 8 ~ 10 次，共 3 组。

在做平躺向两侧举哑铃动作时，需要注意的是，平躺的头部和脊椎骨要保持在一条直线上，并使后背紧贴在长凳上。

（2）抬膝平躺屈臂举哑铃。

双手放在大腿的前面，手中各提一个哑铃，脸朝上平躺在长凳上，尽量保持背部的平直，并使躺在长凳上的身体形成一个四方形。

收腹。将两个哑铃举到胸部的上方，再屈肘，并让双肘分别位于身体的两侧。吸气时，双臂慢慢地伸过头顶，然后让双肘弯曲成向下的45°角，并使握在手中的两个哑铃指向地面；呼气，同时慢慢地将两个哑铃举回到胸部的上方。反复练习10～15次，共3组。

在做抬膝平躺屈臂举哑铃动作时，需要注意的是，在运动时不要让双肘弯曲的程度过大，以免使自己受伤。

（三）原地哑铃操

1. 第一节

第一个八拍如下。

1拍：左臂胸前屈，手贴右肩。

2拍：右臂胸前交叉屈，拳心向内。

3拍：左臂内旋至侧上举，拳心向前。

4拍：右臂内旋至侧上举，拳心向前。

5拍：双臂经侧至下举，击铃1次，同时屈膝成半蹲。

6拍：双腿伸直，同时两臂经侧至上举，击铃1次。

7拍：双腿屈膝成半蹲，同时左臂侧举，掌心向前，右臂胸前平屈，拳心向内。

8拍：双腿伸直成开立，同时右臂经前摆至侧举，拳心向前，左臂胸前半屈，拳心向内。

第二个八拍同第一个八拍动作，但方向相反。

第三个八拍如下。

1拍：右臂肩上侧屈，拳心向前，左臂不动。

2拍：左臂内旋前伸至前举，拳心向下，右臂不动。

3拍：右臂拉至肩上前屈，拳心向内，左臂不动。

4拍：左臂肩上前屈，两肘相对。

5拍：双肘上提至胸前平屈。

6拍：双腿屈膝成半蹲，同时双臂以肘为轴向侧摆至侧举。

7拍：双腿伸直成开立，同时左臂侧上举，拳心向外，右臂摆至侧下举，拳心向下。

8拍：侧臂向下摆至侧举，右臂向上摆至侧举，两拳心向下。

第四个八拍同第三个八拍动作，但方向相反。

2. 第二节

第一个八拍如下。

1拍：身体向左转体90°，同时右臂摆至左侧举，两手掌心相对。

2拍：身体向右转体90°，同时右臂拉至胸前平屈，拳心向内。

3拍：右臂以肘关节为轴向侧摆至侧举，拳心向前。

4拍：双臂摆至上举，拳心向前。

5～6拍：右膝内旋向左顶髋两次，同时两臂胸前屈向右侧摆，拳心向内。

7拍：同5～6拍动作，但方向相反，顶髋1次。

8拍：还原成开立，同时两臂侧举，拳心向前。

第二个八拍同第一个八拍动作，但方向相反。

第三个八拍如下。

1拍：双臂前拳，拳心相对。

2拍：双臂摆至上举。

3拍：双臂侧上举，拳心向前。

4拍：双腿屈膝成半蹲，同时双臂经侧绕至胸前平屈。

5拍：双腿伸直，重心移至左腿，右脚侧点地，同时左臂摆至翻上举，拳心向外，右臂摆至侧下举，拳心向下。

6拍：同4拍动作。

7拍：同5拍动作，但方向相反。

8拍：重心移至双腿成开立，同时双臂摆至下举。

第四个八拍同第三个八拍动作，但方向相反。

3. 第三节

第一个八拍如下。

1～2拍：重心向左移至侧弓步，同时左臂侧举，拳心向下，右臂不动。

3～4拍：重心移至右腿成侧弓步，同时左臂经上摆至上举，拳心向外，上体右侧倾，右臂不动。

5～6拍：重心移至左腿成侧弓步，同时左臂拉至肩上侧屈，拳心向外，右臂摆至侧上举，拳心向外，上体左侧倾。

7～8拍：重心移至右腿成侧弓步，同时右臂摆至胸前平屈，左臂内旋伸至前举，拳心向下。

第二个八拍如下。

1～2拍：重心移至左腿成侧弓步，同时双臂前举，掌心相对。

3～4拍：重心移至右腿成侧弓步，同时双臂外旋侧摆振胸1次至侧拳，拳心向前。

5～6拍：重心移至左腿成侧弓步，同时双臂向上摆至上举，拳心向前。

7～8拍：重心移至双腿成分腿开立，同时双臂经侧还原至下举。

第三个八拍同第一个八拍动作，但方向相反。

第四个八拍同第二个八拍动作，但方向相反。

4.第四节

第一个八拍如下。

1～2拍：重心移至右腿，左脚侧点地，同时左臂肩上前屈向右侧上方摆，身体左侧屈，右臂不动。

3～4拍：重心移至左腿，右脚侧点地，同时左臂伸直经下绕至上举拳向内，上体右侧屈，左臂不动。

5拍：身体不动，右臂侧举，拳心向前。

6拍：身体不动，双臂头上屈，击铃1次。

7～8拍：上体还原成开立，同时双臂经侧还原成下举。

第二个八拍同第一个八拍动作，但方向相反。

第三个八拍如下。

1拍：双腿屈膝成半蹲，同时左臂向右绕至肩上侧屈，拳心向内。

2拍：双腿伸直成开立，同时向右转体90°，左臂向前冲拳，拳心向下，右臂不动。

3拍：向右转90°，同时双腿屈膝成半蹲，左臂向上摆至上举，拳心向前。

4 拍：双腿伸直，同时左臂经侧还原成下举。

5～8 拍：同 1～4 拍动作，但方向相反。

第四个八拍如下。

1 拍：重心移至左腿成侧弓步，同时左臂肩侧举，拳心向内。

2 拍：重心移至右腿成侧弓步，同时左臂伸至侧上举，拳心向外，上体右侧屈。

3 拍：重心移至左腿成弓步，同时左臂头后屈，拳心向内，右臂侧举，拳心向前。

4 拍：重心移至两腿成开立，同时双臂经侧还原至下举。

5～8 拍：同 1～4 拍动作，但方向相反。

5. 第五节

第一个八拍如下。

1 拍：重心移至左腿成侧弓步，同时左臂肩上侧屈，拳心向内，右臂摆至左前下举，拳心向内。

2 拍：重心移至双腿成开立，同时右臂拉至肩上侧屈，拳心相对。

3～4 拍：同 1～2 拍动作，但方向相反。

5 拍：上体前屈，同时双臂伸至侧举，拳心向下，抬头挺胸。

6 拍：上体抬起，同时双臂摆至体前交叉，拳心向内。

7 拍：同 5 拍动作。

8 拍：还原成开立，同时双臂下举。

第二个八拍如下。

1 拍：上体左前侧屈，同时双臂上举屈臂，拳心向下。

2 拍：上体移至右前侧屈，手臂动作同 1 拍。

3 拍：上体抬起，同时双臂腰侧屈，拳心向上。

4 拍：同预备姿势。

5～8 拍：同 1～4 拍动作。

第三个八拍如下。

1～2 拍：双臂侧举，拳心向前。

3～4 拍：双臂上举交叉，右臂在前。

5～6 拍：重心移至右腿，左脚尖侧点地，同时上体左侧屈，手臂不动。

7 拍：重心移至左腿，左脚尖侧点地，同时上体右侧屈，手臂保持不动。

8 拍：上体还原，同时双臂上举，拳心向前。

第四个八拍同第三个八拍动作，但方向相反。

6. 第六节

第一个八拍如下。

1 拍：左脚向前一步，右脚后点地，同时双臂向前冲拳至交叉前举，右在上，拳心向下。

2 拍：左腿支撑，右腿前踢，同时双臂侧举后振，掌心向前。

3 拍：同 1 拍动作。

4 拍：左脚并于右脚成直立，同时双臂置于腰际，拳心向上。

5～8 拍：同 1～4 拍动作，但方向相反。

第二个八拍如下。

1 拍：左脚前出一步，右脚后点地，同时双臂经前摆至侧上举，掌心向内。

2 拍：左腿支撑，前踢右腿，同时双臂摆至前下举，腿下击铃。

3 拍：右腿后迈一步，同时双臂经侧摆至上举，击铃 1 次。

4 拍：左腿并于右腿成并立，同时双臂经侧还原至下举。

5～8 拍：同 1～4 拍动作，但方向相反。

第三个八拍如下。

1 拍：左脚侧出一步成开立，同时双臂前举，拳心相对。

2 拍：右腿向侧踢，同时左臂上举，拳心向前，右臂下举，拳心向内。

3 拍；右腿侧迈一步，同时右臂肩上侧屈，拳心向前，左臂经前摆至体侧，拳心向内。

4 拍：左腿并于右腿成并立，同时双臂还原成下举。

5～8 拍：同 1～4 拍动作，但方向相反。

第四个八拍如下。

1 拍：左脚向右脚前迈一步，同时双臂向左侧摆，拳心向后。

2 拍：左腿支撑，右腿屈膝向右侧踢，同时双臂经上向右侧摆臂，拳向前。

3 拍：右腿落于左腿后侧，同时双臂经上摆至左侧举，拳心向前。

4拍：左脚并于右脚成并立，同时双臂还原至下举。

5～8拍：同1～4拍动作，但方向相反。

7.第七节

第一个八拍如下。

1～2拍：左脚向侧一步，同时右腿向右屈扣顶左髋，弹振两次，左臂肩侧屈，拳心向内，右臂伸至上举，拳心向内。

3～4拍：同1～2拍动作，但方向相反。

5拍：同1～2拍动作，右臂摆至侧举，拳心向前。

6拍：同5拍动作，但方向相反。

7拍：向左顶髋，同时双臂上举，拳心向前。

8拍：左脚并于右脚成并立，同时双臂经侧摆至下举。

第二个八拍如下。

1拍：左脚向侧一步，向左顶髋，同时左臂侧举，拳心向前。

2拍：向右顶髋，同时左臂摆至胸前平屈，拳心向内。

3拍：向左顶髋，同时左臂上举，拳心向前。

4拍：向右顶髋，同时左臂侧举，拳心向前。

5拍：向左顶髋，同时左臂向后屈，拳心向前。

6拍：向右顶髋，同时左臂伸直上举，拳心向前。

7拍：向左顶髋，同时双臂前举，拳心向下。

8拍：重心移至两腿成开立，同时左臂摆至下举。

三、健身球操的训练方法

（一）健身球操概述

健身球操是一种新兴、有趣、特殊的体育健身运动。1963 年，健身球操最早出现在瑞士，因而健身球也被称为"瑞士球"，当时人们只是将其看作一种康复医疗设备。之后，健身球又被传到澳大利亚、美国、欧洲等国家和地区用来治疗颈椎、腰背、膝盖、肩部酸痛和精神紊乱等疾病，以提高病人的平衡能力。由于健身球在纠正体态、提高肌肉力量、保持身体平衡、发挥康复功能等方面具有显著作用，20 世纪 70 年代健身球操被逐渐推向社会，成为一种新兴的健身项目。

20世纪80年代以来，健身球逐渐开始在理疗诊所和康复中心普及，一些运动队也把它当成提高队员平衡稳定能力、预防运动损伤的训练工具。健身球走进健身房只是近几年的事，但已风靡美国。

健身球流传到中国的时间并不长，只有一二十年的时间。1999年，健身球出现在上海等大城市的健身中心，2001年开始进入广州的各大健身房，如今很多地方的健身俱乐部都纷纷开设了健身球课程。这种颜色鲜艳的大球越来越受到健身爱好者的迷恋。

（二）健身球操的基本动作

1. 适应性动作

在进行健身球操的练习之前，先要进行一些基本动作练习，来逐渐适应健身球操的力度和方式。具体来说，适应性的练习主要包括坐球、躺球以及跪球。

（1）坐球。坐球是熟悉健身球的第一步。先把球置于靠近墙的位置，双腿尽量分开坐在球的正上方，而耳、肩、臀应在一条线上。达到上述要求以后，可以再让球远离墙壁再次进行坐球练习。

（2）躺球。躺球这个动作是许多胸部及臀部练习的重要组成部分，这个动作本身可以很好地锻炼人的臀部、腿部及后背部。练习躺球时，双腿尽量分开坐在球的正上方，慢慢把腿前移，慢慢将球移至肩部，让臀部抬起与地面平行，颈部与头部很舒服地在球上休息，感觉身体平放于平面上。

（3）跪球。跪球这个动作是高级平衡的开始阶段，自信并有效地完成这个动作是发展高级平衡的前提。练习跪球时，双腿分开站在球前，轻轻地将双膝置于球上，并把双手放在球的上方，把球慢慢前移直到脚离开地面，自己可以在上面平衡足够长的时间。

2. 稳定性动作

稳定性动作主要包括屈伸肩带、伸展肩带肌、背肌练习、背部伸展、臀部的抬伸练习、单腿稳定蹲坐、稳定蹲坐。

（1）屈伸肩带。像做俯撑一样把膝放在球上而双手扶地，夹臀，头与脊柱保持水平，让肩胛尽量展开再收缩。

（2）伸展肩带肌。使膝在球上而手在地面，动作有点像俯撑，臀部不要下垂，让头部与脊柱平行，让肩带骨尽量往远处伸。

（3）背肌练习。腹前部置于球上，手与脚分别在前后置于地面，让脚离地并控制。

（4）背部伸展。俯卧于球上，腿尖触地并尽量分开双腿，双手置于体侧，抬起胸部使其离开球并将手翻转使手掌心朝上，尽量让肩胛骨靠拢。

（5）臀部的抬伸练习。躺在地上，双脚放在球上，双手置于体侧，手心向下，抬起臀部，让脚、骨、肩在一条直线上。

（6）单腿稳定蹲坐。站在离墙 1～2 米处，把球放在下背部与墙之间，提起一条腿并让大小腿的夹角成 90°，慢慢下蹲，直到另一条腿的大腿与地面平行，双手侧平举。

（7）稳定蹲坐。站在离墙 1～2 米处，转身把球放在身体下背部与墙之间，人往下蹲直到大腿与地面平行，膝盖对准脚尖方向，保持这个姿势，手不要放在大腿上，而是伸展在体前。

（三）健身球操组合动作

本组合共有 32 个 8 拍的动作。

预备动作：侧立，双手抱球于体前，面向 7 点方向。

1. 组合动作一（4×8 拍）

第一个八拍如下。

1～2 拍：左右脚依次原地踏步，一拍一动，同时双臂抱球前平举。

3～4 拍：脚同上，右转 90°，手还原。

5～8 拍：脚同上，同时两臂上举，还原。

第二个八拍如下。

1～4 拍：左右脚依次原地踏步，同时双臂抱球，依次自左侧平举，之后还原，向右侧平举，之后还原，一拍一动。

5～8 拍：左右脚依次原地踏步，同时双臂抱球从左侧开始绕环一周。

第三个八拍如下。

1～4 拍：左脚向侧点地，还原，同时双臂抱球于右斜上方举，还原，两拍一动。

5～6拍：左脚向侧并步跳，同时双臂抱球从右侧开始绕环一周。

7～8拍：右脚并左脚。

第四个八拍同第三个八拍动作，但方向相反。

2.组合动作二（8×8拍）

第一个八拍如下。

1～2拍：双手持球放于地上。

3～4拍：左手拨球滚至身后，球贴近身体。

5～8拍：左脚向侧迈一步成马步，坐于球上，两拍一动。

第二个八拍如下。

1～8拍：左右手臂依次从体侧至上举，之后还原，两拍一动。

第三个八拍如下。

1～4拍：左脚伸直侧点地，左臂上举，右手扶腿，向右稍侧屈，还原。

5～8拍：同1～4拍动作，但方向相反。

第四个八拍如下。

1～8拍：左右脚依次提踵，同时左右肩依次提肩，两拍一动。

第五个八拍如下。

1～8拍：双脚同时提踵，同时双肩向上提肩，两拍一动。

第六个八拍如下。

1～8拍：含胸时双臂胸前交叉，展胸时两臂向后振臂，手心向上。

第七个八拍如下。

1～4拍：向左右依次撅臀，同时带动球滚动，双臂侧平举。

5～8拍：臀部从右往左绕环一周，同时带动球滚动，双臂从前开始往后绕环。

第八个八拍同第七个八拍动作，但方向相反。

3.组合动作三（5×8拍）

第一个八拍如下。

1～8拍：坐于球上，向左慢慢移动身体，面向7点方向。

第二个八拍如下。

1～2拍：双臂于体后侧触球。

3～4拍：伸直两腿。

5～8拍：双手于体侧撑地，同时身体后倒，躺于球上，控制平衡。

第三个八拍如下。

1～8拍：左腿慢慢地向上抬起，之后还原，四拍一动。

第四个八拍同第二个八拍动作，但方向相反。

第五个八拍如下。

1～4拍：双腿屈膝半蹲，带动球往前移动，球贴于后背，同时双臂胸前屈。

5～8拍：双腿伸直，带动球往后移动，躺于球上，同时双臂侧半举。

4.组合动作四（5×8拍）

第一个八拍如下。

1～2拍：双手于体侧扶球。

3～4拍：双腿收回成马步，同时身体慢慢抬起。

5～6拍：身体立直。

7～8拍：坐于球上。

第二个八拍如下。

1～4拍：左腿前抬，同时右臂前平举，还原，两拍一动。

5～8拍：同1～4拍动作，但方向相反。

第三个八拍如下。

1～4拍：左腿侧抬，还原。

5～8拍：同1～4拍动作，但方向相反。

第四个八拍如下。

1～8拍：坐于球上慢慢向右移动身体，右转90°，面向1点方向。

第五个八拍如下。

1～2拍：直立。

3～4拍：左脚并右脚，左手扶球。

5～6拍：半蹲，用左手拨球滚至体前。

7～8拍：两臂抱球，直立。

5.组合动作五（8×8 拍）

第一个八拍如下。

1～4 拍：向前走 4 步，同时慢慢降低身体重心，双臂抱球从腹前慢慢上举。

5～8 拍：同 1～4 拍动作，但方向相反。

第二个八拍如下。

1～8 拍：左右脚依次向侧迈出一步，成马步，双臂抱球侧举，两拍一动。

第三、四个八拍同第一、二个八拍动作。

第五个八拍如下。

1～4 拍：左脚向侧迈出一步同时向后顶髋，右脚并左脚，同时双手抱球左侧前举，之后收回于体侧，一拍一动，面向 7 点方向。

5～8 拍：左右脚依次原地做登山步，同时双臂抱球依次左右侧斜下举，面向 1 点方向。

第六个八拍同第五个八拍动作，但方向相反。

第七个八拍如下。

1～4 拍：右脚向左斜 45° 方向行进，间侧摆腿跳两次，同时双臂抱球于侧上，还原，一拍一动，面向 8 点方向。

5～8 拍：左右脚依次原地做登山步，同时双臂抱球依次左右侧斜下，两拍一动，面向 1 点方向。

第八个八拍同第七个八拍动作，但方向相反。

6.组合动作六（2×8 拍）

第一个八拍如下。

1～2 拍：左脚向后侧一步成右弓步，同时双臂抱球前上举，面向 3 点方向。

3～4 拍：左脚并右脚，同时双臂抱球于腹前，面向 1 点方向。

5～8 拍：并腿半蹲，双臂持球头上举，之后收回。

1～2 拍面向 3 点，3～4 拍面向 1 点。

第二个八拍同第一个八拍动作，但方向相反。

第四章　高校竞技健美操训练研究

第一节　高校竞技健美操体能训练研究

一、体能的概念

袁运平博士在其论文《学生体能与专项体能特征的研究》中将体能定义为人体通过先天遗传和后天训练获得的在形态结构方面、在功能及其调节方面以及在物质能量的贮存和转移方面所具有的潜在能力以及与外界环境结合所表现出来的综合运动能力。在我国《运动训练学》教材中，田麦久等专家把体能视为学生先天具有的遗传素质与后天经训练形成的学生在专项运动中所表现出来的机体持续运动的能力。教材中指出，学生体能是指学生机体的基本运动能力，是学生竞技能力的重要构成部分。在训练学中，体能训练和技、战术训练，心理训练，智力训练一起构成运动训练的整体，它能够提高学生有机体的技能，增进健康，改善身体形态，发展一般和专项运动素质，预防和治疗伤病等。由此看来，体能的含义包括身体能力、人体机能、身体素质和身体适应能力等。从广义上看，体能包括形态、机能及素质三个方面。

二、体能训练的概念

体能训练也叫体力训练，是一种以发展机能潜力和与机能潜力有关的体能要素为目的的大负荷训练，是指对人体在艰苦环境中，长时间、高强度、大负荷持续工作能力的训练。体能训练突出对人体各器官和机能系统的超负荷适应训练，旨在增强体能和心理适应性，以达到挖掘机能潜力、提高整体运动能力和培养顽强拼搏精神的目的。

三、竞技健美操体能训练的内容

形态与机能是体能的决定因素，运动素质是体能的竞技表现，学生的体能发展水平是由其形态、身体机能与运动素质的发展状况所决定的，三者是体能的构成因素。根据竞技健美操项目特征，它的专项体能训练有自身的特点。以下主要深入探讨竞技健美操专项体能中机体自身体能训练的内容。

（一）身体形态

由于身体形态在一定程度上受遗传因素的影响，且在身体形态的各项指标中，有的指标遗传度很高（如高度、长度和宽度指标），有的指标遗传度则较低（如体重等充实度指标），因此，应重视高度、长度和宽度等形态指标，而与肌肉有关的体重等充实度指标则应更多依靠后天的训练加以改善和提高。与其他项目不同的是，健美操对形态的要求很高，它不仅反映着相应的生长发育水平、机能水平和竞技能力水平，而且在一定程度上影响着运动素质的发展，更重要的是，它对艺术分的高低也有一定的影响，所以对形态的训练要常抓不懈。

（二）身体素质

1. 力量素质

力量素质是参与竞技健美操的学生的体能建设的保证，是完美完成成套动作的物质基础。练习竞技健美操的学生都应具备较高的全面力量训练水平，身体的各个部位，特别是上下肢、腰腹，以及踝、膝、手腕、手指都应进行专门的、全面的力量强化训练，旨在发展各运动环节的肌肉力量，达到整体力量提高的目的。整体力量就是学生从事专项活动时各运动环节协调一致所表现出来的综合力量。它是学生专项能力的基础。竞技健美操竞赛规则对学生力量动作的选择从以下几个方面做出了要求：规范性、均衡性、多样性、全面性。因此，侧重整体力量训练提高和提高整体力量水平是现代竞技健美操的发展趋势。

2.速度素质

竞技健美操的专项速度是通过力度来表现的，它是衡量学生竞技水平的主要标志。力度是学生在完成动作的过程中，肌肉快速用力以及动作变化的速度和动作熟练程度的外在表现。健美操要求动作刚劲有力、积极快速、力度感强，无论上肢、下肢还是躯干动作，都要有明显的"加速"和"制动"，以充分表现力度。因此，力度也是体现体能水平的主要标志。我国健美操存在不足之处，缺乏力度是主要表现之一。它的主要原因是对力度训练重视不够，对力度训练方法在某些方面还缺乏系统、完整的认识。为此，在体能训练中，强调与加强力度训练是必不可少的。

3.运动耐力

体能训练中的运动耐力主要指高强度、长时间从事专项活动的能力。对于参与竞技健美操运动的学生来说，体能训练的运动耐力水平主要取决于三点：一是功能系统的机能，二是比赛中有效地利用机能潜力的能力，三是疲劳情况下的心理素质和意志品质。

4.柔韧和协调

竞技健美操是在快节奏、高强度的音乐伴奏下进行的运动。比赛中要完成体现柔韧素质的高难度动作，要求学生不仅具备很好的柔韧性，还要有很好的肌肉弹性，因而对柔韧素质训练应特别重视肌肉放松这一环节。协调能力主要表现为完成动作时的全身各部位的有机配合，如肌肉紧张与放松的协调、情绪与表现力的协调、韵律与节奏感的协调等。健美操运动的特点之一是学生的动作刚与柔相统一，它不仅表现在动作速度上，还应具有鲜明的节奏。因此，在进行协调性训练的同时，也要十分注意学生的肌肉收缩的强度与速度，即对力度提出了较高要求。

（三）表现力

竞技健美操作为表现难美项群的运动项目之一，有着与众不同之处。竞技健美操的独特之处就在于表现力是它的色彩与灵魂。表现力是指在竞技健美操比赛中，学生通过身体动作在音乐伴奏下综合反映内在的情感，体现为各种动作能轻松完成，动作舒展、优美，有力度感，节奏好，动作能与音乐紧密结合，是学生内在精神气质和外在动作表现的统一。

过硬的专业技术和专项素质是影响表现力的客观因素，而表现力反过来又影响体能的发挥。竞技健美操是一项表演性很强的项目，不仅要求学生在心理上有表现的意识，对自信心也有较高要求。表现力应贯穿整套动作的始终，特别是当完成到后半套动作，在体力明显下降的情况下，良好的表现力可以使学生在力竭的情况下动作更到位，并保持感染力。这也代表着一个学生的潜力。假如两名学生形态、机能、素质水平相当，那么在完成动作时尤其是动作后半套，谁能最大限度地发挥潜力，谁能坚持到最后，谁能把表现力贯穿到底，谁就是胜者。表现力是学生完美完成成套动作的有力支撑。

四、竞技健美操体能训练的原则

大学生在竞技健美操体能训练中如果想取得良好的效果，就不能随心所欲地进行训练，而必须要遵循一定的训练原则，如训练强度适量原则、针对性训练原则、"三从"原则、全面系统性原则、积极主动原则、周期性原则等，现将各原则的具体内容做如下介绍。

（一）训练强度适量原则

大学生在进行竞技健美操训练的同时必须兼顾学业，既不能只顾学业忽视体能训练，也不能将大部分精力用于训练而荒废了学业。要想解决这个矛盾，可以从训练强度方面着手，了解学生的实际情况，根据学生的时间、学业、体能情况合理安排训练强度，既达到预期训练目标，又不至于让学生在训练后由于体力透支无法进行学业学习，从而实现学业与兴趣爱好"两不误"的目标。

（二）针对性训练原则

由于现在很多高校的竞技健美操训练在教师配备上存在严重不足，所以在进行体能训练时都是进行统一的训练，不能针对每位学生的实际情况进行有针对性的训练。但学生的年龄、身高、体重、受训时间以及天分和基础不同，每个人的职责和应该加强的能力也不尽相同，因而竞技健美操运动队的负责人应该尽量多地安排有经验、水平高且具有丰富实战经验的教师对队伍各成员进行有针对性的训练。

（三）"三从"原则

大学生竞技健美操训练"三从"原则中的"三从"指的是从实战出发，训练从严、从难，教师应该严格按照"三从"原则对学生进行训练指导。首先，进行竞技健美操体能训练的最终目的就是把健美操应用于实战，所以训练要从实战需要出发，根据健美操队的总体水平和队员身体素质差异等，展开适宜的训练。其次，"严师出高徒"，想要取得好的成绩，必然需要一名有原则的教师对队伍进行必要的训练，如果教师对待队员太过温柔，则难以调动队员们的紧张感，难以激发他们的拼搏精神和坚强意志，他们容易遇到问题就退缩，这样是很难取得好成绩的。最后，竞技健美操比赛对队员的体力、技术水平和心理素质的要求都非常高，因而需要各位队员都达到自己的巅峰水准。在竞技健美操体能训练时，教师如果只是组织队员进行基本的、简单的基础训练，如力度、柔韧性、协调性训练等，则不仅不能使学生适应比赛的要求，而且对队员个人水平的提升也非常不利，所以应根据实际情况，适时提高训练难度，以激发每位队员的潜力和昂扬的斗志，为他们以后的发展奠定良好的基础。

（四）全面系统性原则

竞技健美操是一项集速度、力量与美于一体的体育项目，不仅需要强大的体能、奋发的精神，还需要熟练的技术与默契的配合。大学生在进行体能训练时，既要通过沙袋绑腿训练奔跑速度，又要紧跟教师步伐提高个人的技术水平，同时还要注意和队友的密切配合；教师在组织队员进行训练时，要想好前后训练项目的衔接性，要做到训练项目相互关联、相互促进，上一个训练项目为下一个训练项目打好基础，下一个训练项目成为上一个训练项目的继续和提高。队员和教师相互配合，使整个训练能全面而系统地顺利进行。

（五）积极主动原则

俗话说，"笨鸟先飞。"由于各队员的基本情况，如身高、体重、年龄、健康状况、运动时间安排等都存在一定的差别，如果都被动地等着教师给安排训练，那么自身条件好的队员就会进步得更快，条件稍差的就会被越甩越远，所以队员应该根据自己的情况进行积极主动的训练，从自己最不擅长的技术练起，争取通过不懈的努力最终达到想要的结果，从而为整个队伍在比赛中的胜利贡献属于自己的一份力量。

（六）周期性原则

人们在学习英语的时候，一个单词背会了，几天不看还是会想不起来怎么拼写、怎么应用，只有进行周期性的复习，才能做到一个单词、一篇课文了然于心。体能训练也是一样，一个动作要进行反复的练习，只有让全身各部分的肌肉、各器官都记住这个位置和状态，才能达到最佳的训练效果，而且要经常性地进行周期复习，使肌肉和器官都"养成习惯"，从而提高整个人的技术水平。

五、高校竞技健美操体能训练的负荷安排

对大学生竞技健美操队员开展训练，是有别于对专业竞技健美操队员的训练的。专业队员的体能训练通常都是高强度、高难度、超大负荷的，因为健美操就是他们的职业，他们要竭尽所能地将自己奉献给终身事业。而大学生则不同，他们还处于受教育阶段，主要任务仍然是学习，所以不考虑他们的自身特点而盲目地开展大负荷的训练，这种方式是不可取的，这不仅会增大他们的课业压力，同时也不利于他们个人健美操技术水平的提高，更不利于他们未来的职业发展。因此，综合分析大学生特点，科学规划体能训练负荷势在必行。

（一）调控训练负荷量的方法

教师在给队员设定训练量的时候，应该遵循"负荷—恢复—超量恢复"的规律，对队员的训练负荷进行合理的调控。一般的训练负荷调控方法如下。

第一，渐进式与阶梯式调控法。渐进式和阶梯式训练负荷调控方法都是在日常训练中负荷调控常用的方法，采取这两种方法进行负荷调控可以实现队员技术水平和体能稳步提高的目的。所谓渐进式调控方法，是指根据队员的基本情况，按照正比例函数，采取逐渐增加或减少负荷的方式进行负荷调

控的一种方法。这种方法不会给队员很大的精神和体能压力，能够让队员在一定时间后看到自己各方面的成长，是适用于大学生竞技健美操体能训练各个时期的一种方法。阶梯式调控法与渐进式调控法都是通过逐渐增加或减少负荷对队员展开训练的，所不同的是阶梯式调控会产生一个梯度的空档，在"上升—保持—上升"的过程中，陡然提高训练负荷，不会给队员逐渐适应的机会，这对于大学生健美操队员来说具有一定的难度，所以通常是在赛前的训练中才会使用的方法，在高校竞技健美操的日常体能训练中通常不会进行高压训练。

第二，波浪式与跳跃式调控法。波浪式和跳跃式调控方法都属于训练负荷富于强烈变化的调控方法，所不同的是，跳跃式调控法对于队员来说具有更大的挑战性。这种方法虽然难度较大，但可以使队员的整体水平在短时间内得到大幅度的提高，但它通常不会应用于大学生竞技健美操队员的训练中，一般用于超高水准的赛前训练和个人技术水平较高与体能状况良好的队员身上。而波浪式调控法则相对来说温和些，采取的是"上升—保持—下降—再上升"的负荷调控方法，这种循环往复的负荷调控形式可以使队员的身体得到适当放松，使他们的各项运动指标都稳步提高，一般在大学生健美操体能训练中应用得比较广泛。

第三，衡量式调控法。衡量式调控法，顾名思义，就是运动负荷处于动态平衡（基本不会发生变化）的过程中，这是大学生竞技健美操运动训练时最常用的一种负荷调控方法，经常贯穿于训练过程的始终。但需要注意的是，采取这种调控方法进行训练，容易使队员肌肉产生"思维定式"，在其适应了当前的运动量和反应速度的情况下，一旦要面对激烈的对抗时，肌肉的爆发力可能相对较弱，难以适应紧张刺激的比赛，跟不上比赛节奏，从而导致比赛结果不尽如人意。

（二）训练负荷适合程度的判断

要想达到最佳的训练成果，教师就要对队员的训练量有一个良好的把控，过高的运动负荷会给队员的身体和心理带来沉重负担，而过低的运动负荷又远远达不到预期训练成果，因而做好训练负荷适合程度的判断对教师来说是一项十分重要的职业技能。训练负荷是否得当，一般应从心理学和生理学两个角度进行判断。

第一，心理学方面。人的内心感受通常都会通过表情、动作、情绪等方面反映出来，因而教师可以根据队员在训练时的情绪反应判断为其设定的运动负荷是否合适。队员如果训练时三心二意、心不在焉，则证明训练负荷过小；如果情绪不好、疲惫不堪，则证明训练负荷过大；如果表现得积极上进、斗志昂扬，则证明训练负荷基本符合其承受能力。

第二，生理学方面。人在静止和运动时的心率和肌肉状态是完全不同的。因此，教师可以在队员参加训练时，对其肌肉状态、糖类代谢、心率情况等进行实时监控，根据各项指标变化，科学准确地判断出个人最适合的运动负荷。其中，心率测定方法较简单，所以在判断训练负荷是否得当时应用得较广泛。例如，当队员的心率超过160次/分时，则证明运动负荷过高，应适当降低训练量，以维持最佳身体状态等。

（三）影响训练负荷大小的因素

教师在对大学生竞技健美操队员进行体能训练时，不能为了追求训练效果而盲目增大训练负荷，要结合队员身体、心理情况，以及训练的周期性等各方面因素综合确定最适宜的训练负荷。

1. 队员个人素质对训练负荷的影响

虽然说训练负荷越大，在经过恢复之后，对队员的个人能力成长效果越好，但是，凡事都要有一个度。训练负荷的大小要根据队员的年龄、骨骼与肌肉状况、心理状态等因素科学合理地制定，既要达到教师既定的训练目标，又不能对队员的身体和心理造成伤害。

2. 训练周期性对训练负荷的影响

体能训练是具有一定周期性的，主要表现在队员竞技能力的提升、技术水平的发展、生理指标的变化等方面，因而训练负荷的确定也应该随着这个周期性进行相应调整。例如，在体能训练休整期，教师不应该给大学生队员安排大负荷的训练任务。

（四）大学生体能训练负荷的合理安排措施

1. 处理好负荷和恢复之间的关系

身体机能的恢复时间长短不仅受到个体身体恢复水平的影响，同时也受到训练负荷的大小和负荷性质的制约。身体恢复水平越高、训练负荷越小，则身体机能恢复越快；身体恢复水平越低、训练负荷越大，则身体机能恢复也就越慢。而一般人的身体机能恢复水平是不会发生较大改变的，所以如果不想伤害大学生竞技健美操队员的身体健康，那么教师就要科学处理负荷量、负荷强度与机能恢复之间的关系。

2. 适时调整负荷计划

鉴于大学生竞技健美操队员的特殊身份，教师在为其制订训练负荷计划时，很可能因为专业课的安排和体能训练时间冲突，或者因为其他某些事情而出现训练受阻中断的情况，这时就要求教师能够及时调整训练负荷，以达到最终训练目标。

3. 有针对性地制定训练负荷

教师在为大学生竞技健美操队的队员制定训练负荷时，应对每位队员的年龄、参训时间、运动间歇时间、身体健康状况、心理状态多方面因素进行综合考虑，最后制定出适合每个人的训练负荷计划。例如，对于长达一年没有进行过竞技健美操训练的队员来说，应该相应地降低运动负荷；对于心理状态不佳的队员，同样不应该进行高强度的训练，以免进一步加大其心理负担，否则不仅起不到提高个体能力的作用，反而容易导致身体损伤等意外情况发生。

六、竞技健美操体能训练的方法

（一）成套体能训练

1.成套体能训练的意义

现代竞技健美操飞速发展，动作难度越来越大，技术越来越先进，尤其是新规则越来越重视动作难度与动作的艺术价值，这使得竞争日益激烈，学生只有具备良好的体能才能达到要求。体能训练一般分为一般体能训练和专项体能训练。在竞技健美操运动中，所涉及的主要是竞技健美操成套动作完成的体能，而不是单纯的速度、力量、耐力、柔韧性或灵敏性等。因此，所有的体能训练都需要结合成套动作进行。

2.注重成套动作体能训练的科学性

运动训练是一个训练—疲劳—恢复—训练—再疲劳—再恢复，最后使机体实现超量恢复的过程。在竞技健美操训练中也应该如此。在体能训练中，如果学生不是以比赛时成套动作的高质量完成作为衡量标准，而总是停留在单个动作或阶段性动作的反复训练上，那么尽管训练课的量与强度都达到了一定高度，但学生的有效训练量和强度都不足以打破原有的代谢平衡，这样的训练是无效训练。

（二）成套动作训练方法

1.以一般体能与专项体能训练为根基

一般体能训练可以为专项体能训练打下良好基础，良好的专项体能是技、战术实施的保证。在进行体能训练时，必须遵循体能训练原理，在系统性、全面性、结合专项和从实际出发的体能训练原则下进行。竞技健美操比赛时，个人与集体项目成套动作完成时间在1分40秒以内，其能量供给主要以糖酵解供能为主，磷酸肌酸辅助供能。针对竞技健美操项目的特点，建议在不同的时期采用不同的间歇训练法，提高训练课中的训练强度，保证训练质量，发展学生的速度力量与速度耐力。

2. 成套动作体能训练应以间歇训练为主

在竞技健美操项目中，学生成套动作体能间歇训练应主要采用最大限度地提高学生速度耐力的强化性间歇训练方法，利用学生心率控制运动强度，采取半套动作练习、成套动作练习，甚至超成套动作练习的方式，每次训练时间为 1 分 30 秒～ 2 分 30 秒，心率达到 180 次 / 分，并在此心率上维持 30 秒～ 40 秒间歇时间，当心率降至 120 次 / 分时开始下一次训练。这样的训练方法具有很强的针对性，可有效地提高学生成套动作体能水平，保证比赛时成套动作体能的充分储备。学生在准备期和比赛期的成套动作体能训练是不同的，但是都可以使用间歇法来提高学生的体能，比赛期可以适当安排几次强度较大的训练。

3. 提高成套训练的强度是机能储备的物质保证

机能储备就是要求学生在体力上和技术上要具备大大超过比赛需要的能力水平，常采用大负荷、高强度的训练，以使学生机能旺盛期与大赛时间相吻合，从而达到机能有余、轻松比赛的状态。判断储备的标准一般按照高出比赛要求的技能水平 2 ～ 3 倍来计算。例如，在欧洲国家的竞技健美操训练中，学生通常需要连续完成 2 套甚至 3 套动作，其技能储备的水平较高，比赛时就能保证高质量地轻松发挥出实力。

4. 积极采用合理的恢复手段，树立正确的营养观

如果学生的运动量和运动强度过大，或训练课后没有使用合理的恢复手段，机体得不到及时有效的恢复，疲劳就会加剧，个体的运动能力就会下降，甚至无法参加正常的训练和比赛。因此，训练后疲劳的及时恢复是促进运动训练的关键。

第二节　核心力量训练与高校竞技健美操训练研究

一、核心力量的概念

核心肌肉是指环绕在人体躯干周围的肌肉，包括腹肌、髋部肌群以及与脊椎、骨盆连接的肌肉。当人的手和腿活动的时候，这些核心肌肉会帮助人们的身体保持稳定，维持身体平衡。

核心力量的定义与它的作用密切相关。所谓"核心"就是指人体的中间环节，即肩关节以下、髋关节以上包括骨盆在内的区域，是由腰、骨盆、髋关节形成的一个整体，包含 29 块肌肉。它包括胸的中部到大腿根部的区域。核心肌肉群担负着稳定重心、传导力量等作用，是整体发力的主要环节，对上下肢的活动、用力起着承上启下的枢纽作用。当人们四肢活动的时候，这些核心肌肉会使身体保持稳定与平衡，也能使人们的身体维持平衡与直立。有人把它们叫作"能量来源"。因为人体的排列与运动链相似，而人体的核心位置连接了人体的上下肢，就如同一座桥梁。如果这座桥出现了任何问题，那么必然导致整个运动链出现各种状况。

二、核心力量训练在健美操训练中的意义与作用

（一）改善身体控制力和平衡性

在竞技健美操成套技术动作中，身体控制力和平衡性的好坏起着至关重要的作用。竞技健美操难度动作中的纵跳空中转体 360°，就要求学生在空中转体的时候身体成一条直线，脊柱、骨盆以及下肢肌肉处于垂直紧绷的状态，落地时膝盖、踝关节依次缓冲，只有这样才能保证学生稳稳地落地，不会因重心不稳而失败。随着竞技健美操运动的发展，参与者追求更加复杂、具有创新性的操化组合和高级别难度的技术动作，而只有强化人体核心部位的稳定、协调和平衡，才能在不稳定的状态下控制身体，为四肢的活动建立一个稳定的支撑，最终完成更高难度的创新动作。

（二）稳定脊柱和骨盆，保证高难度技术动作的顺利完成

竞技健美操成套动作的完成都是以腰椎—骨盆—髋关节为中枢进行的。成套动作的操化组合和难度动作，无一不是靠核心区域的协调来完成的。核心力量将不同部位的肌肉群的收缩力量整合起来，为四肢的用力建立了一个稳定的支撑点。在专项训练中加入核心力量训练，可以有效提高脊柱的稳定性，提高动作的力度、速度以及肢体的旋转能力，使动作更加完美、流畅。

（三）降低能量消耗，提高能量输出，提高身体的工作效率

竞技健美操的操化和难度都需要核心力量的参与，躯干部分越稳定，身体的协调性也就越高，从而能减少不必要的耗能，加快能量传递。核心力量可以增强躯干部位的稳定性，增加肌肉的发力，使身体不同部分协调合作。躯干和骨盆肌群正好处于上下肢的结合部位，在运动中，核心肌群把积蓄的能量从身体中心向其他环节传导，核心力量强，就可以使学生在成套动作的后半程仍然储备足够的能量，不会出现动作迟缓、发力不够、动作稳定性差的现象，从而提高身体的工作效率，有利于保证动作的顺利完成和整体质量的高水平。

（四）预防运动损伤的发生

竞技健美操运动幅度大、连续性强，学生要在规定时间内完成连续、复杂的成套动作，就要在训练时强度更大，这难免会给学生带来一些身体损伤。学生常见的损伤有腰、腹部肌肉拉伤，脚踝扭伤等，这些都是因核心部位发力不当、重心不稳造成的。加强核心肌群训练，能够有效减少训练和比赛带来的肌肉损伤。

三、高校竞技健美操训练中心力量的方法

（一）静力性练习

（1）俯卧双臂撑：身体俯卧，两臂弯曲，两手相握，两肘撑地，同时两腿伸直，两脚尖支撑身体，30秒一组，做2组。

（2）侧卧单臂撑：身体向右侧卧，弯曲右肘，两腿伸直、并拢支撑身

体，身体呈直线状，30 秒为一组，做 2 组。

（3）仰卧举腿单腿撑：身体仰卧，两肩向上举起，同时左腿弯曲，右腿伸直向上举腿，肩背着地，左腿撑地，用力支撑起身体，30 秒一组，做 2 组。

（4）仰卧收腹固定：仰卧，臀部或双肘支撑，直腿上举 30° 或 60° ，30 秒一组，做 2 组。

（二）动力性练习

（1）俯卧撑地异侧手、腿伸收：身体俯卧，左臂撑地，同时右腿弯曲跪在地面，右臂向前、左腿向后平举做好准备，然后连续伸、收臂和腿，如此反复不断地进行（同时向前、向后伸展和回收右臂、左腿）。

（2）仰卧上、下屈伸腿：身体仰卧，两臂向前伸开，上体上抬，同时两腿上举做好准备，然后两臂用力同时肩背着地，身体尽量向上方伸举，如此反复练习进行（上体下躺和向上伸举）。

（3）坐姿抱胸屈伸腿：坐姿，两臂在胸前交叉相抱，两腿弯曲做好准备，然后在上体稍向后倒的同时两腿伸直，如此反复（上体后倒和两腿平伸）。

（4）卧姿同侧扭腰摆腿：身体仰卧，两臂向两侧分开，然后上体带动上肢向左、右连续摆动，同时摸脚（左摆时左手摸左脚，右摆时右手摸右脚）。

（5）卧姿抱头下躺收腹上抬碰腿：上体仰卧，两臂弯曲，双手交叉于头后，两腿夹紧弯曲，然后上体收腹上抬的同时用双肘去碰腿。

（三）核心稳定性练习

（1）双腿（单腿）直立踝关节力量练习：双腿（单腿）直立在气囊上，膝关节不能弯曲，在球滚动的同时迅速调整，维持身体平衡。

（2）球上仰卧起坐（侧向转体）：练习者仰卧于大软球上，两手屈臂于胸前，两脚着地呈准备姿势，然后在球上做仰卧起坐（或左、右连续转体）。

（3）球上俯卧撑：练习者两手撑地，两脚趾放在大软球上呈俯卧姿势，然后连续做俯卧撑。

（4）球上异侧手脚屈伸：练习者两手撑地，俯卧于大软球上，然后连续交替做伸、举异侧手、腿动作。

第三节　高校竞技健美操专项耐力训练研究

一、专项耐力概述

"专项耐力"是体育研究中长期使用的一个概念，用以区别"一般耐力"。目前，对于"专项耐力"的概念，学界有不同的理解和诠释。对专项耐力在完成专项运动技能时所起的重要作用，学者都给予了足够的关注。田麦久认为，队员通过最大限度地调动机体能力加以克服专项负荷所产生的疲劳的能力称为专项耐力[①]。谢敏豪等认为，专项耐力是队员在完成本运动专项时，能够长时间保持较好的运动技能的能力[②]。过家兴认为，专项耐力是队员为了在运动期间获得更好的项目成绩，克服机体在较长时间下从事本专项运动时所产生的疲劳，力争最大限度地动员机能的一种能力[③]。这些观点均肯定了专项耐力是专项技能实践的重要基础，专项运动技能实践必有专项耐力能力支撑。然而，专项耐力与专项运动技能之间是动态平衡的，并非仅由专项耐力单向指向专项运动技能；专项运动技能同时反作用于专项耐力。因此，对专项耐力的阐释，需从更为宽泛的角度进行理解。学者厉昌高和孙有平认为，专项耐力指队员开展某项竞技运动过程中，当机体抵抗疲劳后，仍能有效地、持续地活动的能力，含肌体、心肺、神经与心理耐力[④]。两位学者通过研究，已经将专项耐力的范畴从单一的生理现象扩展到竞技过程中的生理、心理等因素的综合状态，但这一描述并未完整诠释其作为一项重要的实践动态的过程，包括机体、心理对外部刺激的反应和适应，以及反作用的全过程。基于此，对高校竞技健美操专项耐力的阐释尚需进一步研究。

① 田麦久. 运动训练学 [M]. 北京：高等教育出版社，2006：194.
② 谢敏豪，严翊，冯炜权. 耐力训练监控与营养 [M]. 北京：北京体育大学出版社，2007：112.
③ 过家兴. 运动训练学 [M]. 北京：北京体育大学出版社，1991：194.
④ 厉昌高，孙有平. 专项耐力研究述评 [J]. 体育研究与教育，2011（4）：93-97.

二、高校竞技健美操专项耐力训练的方法

我国普通高校竞技健美操训练在硬件上不具备高水平专业队使用的运动训练器材、专业恢复设备、高频摄像、电脑建模分析等条件。尽管国家加快了高校体育设施的建设，但总体上仍不充分、不均衡。普通高校竞技健美操队员需要完成所在学校规定的其他课程的学习，在训练时间安排上无法达到专业队员的"一天三训"、大周期持续训练的效果累积，这使得耐力训练变得更为重要。目前，我国普通高校竞技健美操训练一般是以每周训 3～4 次、赛前 1～2 个月进行集训的方式进行的。基于运动训练学普遍规律和我国普通高校竞技健美操训练特点，我国普通高校竞技健美操专项耐力训练应依据运动训练目标和运动训练学原理选择训练内容，并通过科学的训练方法和手段呈现训练内容，达成训练目标。因此，不同院校对于对训练效果积累有较高要求的专项耐力训练，需要另辟蹊径、顺势而为。

我国普通高校竞技健美操队员普遍以有氧耐力跑、跳绳、功率自行车和徒手动作重复练习作为一般耐力训练内容，作为专项耐力的基础，专项耐力素质训练的主要内容为健美操动作组合训练、成套动作训练。高校竞技健美操专项耐力训练以动作组合重复训练为主要内容，显然不够充分。运动实践证明，力量与耐力训练合理交叉可以较好地提高专项耐力训练效果。竞技健美操中跳跃和托举动作的力量训练应与专项耐力训练进行科学的训练模块组合，操化及难度动作应与核心力量训练进行科学的组合。鉴于力量训练与耐力训练的兼容性较低，在进行力量训练的组数安排时，任何水平的队员在力量训练中都要避免单组力竭性高强度训练。与多组力竭性力量训练方法相比，同期训练课程中应该采取中强度重复负荷。非力竭性负荷刺激的方法，能够为队员提供一个更佳的力量提高环境，保障最大力量、爆发力和专项成绩获得最佳提高，以保证随后耐力训练的质量。适度的专项力量与耐力组合训练有利于增加专项技术动作的经济性和肌体恢复力。在训练中，将单个运动技术、基本动作组合、成套动作组合的重复、间歇训练与核心力量和爆发力训练结合起来，可以更好地提高专项耐力训练的效果。设定大、小周期训练板块时，可根据在校大学生训练时间和恢复状态，机动调整耐力训练间隔和训练负荷，以促进训练效果的积累。

三、专项耐力训练的具体应用

（一）融入其他素质训练、丰富专项耐力内容

完美的竞赛表现绝非空中楼阁，需要队员的专项耐力等多项基本素质作为支撑，只有这样才能在 26 ～ 28 拍 /10s 的快节奏音乐伴奏下持续110 ～ 130s 的成套动作。基于高校队员每周 3 ～ 4 次训练课、间隔和恢复时间较长的现状，可合理增加其专项耐力的负荷。负荷量反映负荷对队员机体刺激量的大小，负荷强度反映负荷对队员机体刺激的深度。负荷的量度与负荷的内容一起构成了训练负荷，施加于队员的机体，产生相应的训练效果。竞技健美操专项耐力训练实践应根据训练计划制定专项耐力训练目标，合理设定并有效控制负荷量和负荷强度的协同变化。公共组队员在年训练周期与学期训练周期中一般耐力与专项耐力安排上应遵循先一般后专项的原则，适度增加一般耐力训练比重；在集中训练周期中要强化专项耐力训练，保证专项耐力训练量占耐力训练总量的 70% 以上。专业组队员在年训练周期和学期训练周期中应采取专项耐力与一般耐力训练交叉融合的模式，设定较高训练负荷，并体现高于竞赛过程的训练强度；在集中训练周期中，专项耐力训练负荷需根据队员个体极限制定，但不宜进行力竭性专项耐力训练。

除使用组合动作、成套动作重复训练等传统专项耐力训练方法外，还需要丰富耐力训练方法与内容，避免队员在专项耐力训练中出现倦怠。可以使用一般耐力与专项耐力手段相结合、耐力训练与力量训练交叉（如二者同期训练需考虑兼容性）、体能练习与基本动作重复、间歇训练融合等方法，配套一定的中等负荷专项辅助训练。

（二）合理安排训练目标，提高训练效率

我国高校竞技健美操竞赛分为由国家组织的或由省、自治区、直辖市教育部门组织的，比赛时间一般安排在每年的下半年，在竞赛中分为专业组、半专业组和公共组。高校竞技健美操训练目标和训练周期据此设定。专业组的专项耐力训练目标立足于整套动作稳定发挥，关注高潮部分中难度动作的稳定度；半专业组的专项耐力训练目标则立足于具有一定难度的动作组合的完整性和操化动作的规范性；而公共组队员专项耐力训练目标立足于动作规

范和齐度，关注成套动作的稳定发挥。由于不同院校和专业之间的生源差异，大学生队员专项耐力水平存在较大的起点差异，需要在训练中针对队员的个体机体特征和组别训练目标进行训练安排，解决"吃不饱"和"吃不下"的问题。

普通高校竞技健美操运动训练中的专项耐力训练，通常是以无氧供能为主的高强度动作组合练习，可通过调整单组强度、组数以及组间间隙时间对训练负荷进行管控。竞技健美操基本动作及其组合是按照训练目标和负荷量需求设计而成的，用以发展队员基本素质和运动技巧。在训练实践中，公共组专项耐力训练应以单个动作和组合动作重复、间歇或循环训练为主，辅以一般耐力训练；而半专业组和专业组则应以组合动作和成套动作的重复训练为主，专项耐力训练与专项力量训练交叉，通过加大负荷强度增加刺激深度。依据组别合理设定训练目标能够强化专项耐力训练的针对性，有助于取得较为理想的训练效果。

第四节　高校竞技健美操的创新训练研究

一、创新与竞技健美操

（一）创新是当今世界普遍关注的焦点和研究的热点

人类社会是在事物不断变化中发展的，社会每一点进步都是人们不断追求改革与创新的结果。创新就是发展，它是一个民族进步的灵魂，是国家兴旺发达的不竭动力。特别是当前正处于高速发展的信息社会，科技迅速发展的新时代，各种新矛盾、新问题、新事物层出不穷，更需要加强创新力度。一个国家，一个民族，如果缺乏创新精神和创新能力，就不会有科技与社会文明的进步，也就不能获得持续稳定与发展。因此，创新既是实现事物发展的要求，也是社会进步的动力。为此，在21世纪的今天，人类社会的各个领域都把创新作为追求的目标，创新更是当今世界普遍关注的焦点和研究的热点。

（二）创新是竞技健美操运动的生命力和魅力之源

竞技健美操是在音乐伴奏下，完成连续复杂的高强度动作的能力。成套动作必须展示连续的动作组合、柔韧性、力量与七种基本步伐的使用并结合难度动作高质量地完美完成。根据《项群训练理论》对竞技体育的分类，竞技健美操属于"技能主导类表现难美项群"。它和竞技体操、艺术体操、花样滑冰、花样游泳、跳水等一样，竞赛中依据运动员所完成动作的难度、新颖性、稳定性、优美程度等因素判定其技能水平的高低。在难度一定时，创新使得竞技健美操更加具有生命力，焕发无限生机与活力。竞技健美操的创新也始终让人们饱含着期待之情，不断期待新的花样、新的视觉冲击。创新是竞技健美操无限魅力的来源。

（三）创新是促进竞技健美操持续发展的核心

知识经济的到来必将推动现代科学技术成果在竞技健美操训练、科研、管理等领域的迅速应用，促进竞技健美操技术的飞速发展。随着信息网络化，关于竞技健美操的训练和创新动作很快可以通过网络等迅速传开，并被其他国家所采用。为了使竞技健美操更好地发展，国际健美操评分规则仍然会围绕创新和发展不断地变化和完善。这些都会促进竞技健美操的不断创新。因此，深入系统地研究竞技健美操的创新显得十分必要。

创新就是竞技健美操的生命，这不仅是各国竞技健美操发展的精辟总结，也是各国竞技健美操发展的制胜规律之一，更是本节选择对竞技健美操创新进行研究的重要依据。因此，要更好地发展和壮大我国的竞技健美操，不断创新和全方位地创新研究将是每一个健美操工作者面对的中心问题，只有把握住了这个中心，才能给我们的训练和竞赛带来活力，才能解决创新过程中遇到的一系列问题。

创新是一切事物发展的生命，竞技健美操也不例外。竞技健美操的创新主要表现在富有创意的主题选择、难度的创新、过渡连接的巧妙、操化动作的独特、队形变化的新颖、开头结尾的出人意料，以及音乐与服装的个性化展示等上。

二、竞技健美操动作创新训练

竞技健美操动作创新主要是指创新主体通过结合竞技健美操运动基本技术理论和实践基础，以技术为对象，在原有的技术基础上改变其原理、结构、功能、方法及应用等特性因素并创造、发明或引进新事物以提高竞技健美操的技术、丰富理论体系的一系列活动。它是通过技术进行的创新，本身无须发生革命性变化。

竞技健美操动作创新主要包括操化动作创新、难度动作创新、过渡与连接创新以及托举与配合动作创新四个部分，且它们之间相互联系、相互过渡，操化动作后可以接难度动作、过渡与连接、托举与配合，反之亦然。

（一）竞技健美操操化动作创新

操化动作是指以健美操基本步伐与手臂动作结合的形式，伴随着音乐创造出的动感的、有节奏的、连续的包含不同强度的一连串动作。高水平操化动作的创新体现为通过七种基本步伐、手臂组合和无重复动作的组合表现出与音乐风格及重音相符的操化动作。

（二）竞技健美操操化动作创新的必要性

一连串的操化动作是竞技健美操的重要组成部分，是竞技健美操区别于其他体操最大的特点。操化动作是竞技健美操成套动作的基础，操化动作创新是指设计出各种新颖的动作展现出无穷变化并不断出新以吸引裁判和观众的眼球，这也是裁判评分的重要方面。操化动作创新的好与坏将会影响成套动作艺术得分的高低。

（三）竞技健美操操化动作创新训练

竞技健美操操化动作主要是通过将七种基本步伐与手臂动作完美组合来进行创新的。在竞技健美操竞赛规则中有明确规定，必须在基本步伐与手臂动作的基础之上来进行操化动作的创编，可以使更多的身体部位（头、肩等）参与完成动作，运用不同的关节、动作空间、动作幅度、肢体长度，运用不对称的动作和不同的音乐节奏，同时通过手臂动作变化，改变移动速度，增加动作频率，或者变换方位，操化移动的路线以及改变步伐的角度、速度、高度、节奏以及空间等，加上配合不同的手臂变化来对操化动作进行创新。

1. 上肢操化动作创新

（1）对称与非对称动作变化。对称是指物体或图形在某种变换条件（如绕直线的旋转、对平面的反映等）下，其相同部分有规律重复的现象，即在一定变换条件下的不变现象。在竞技健美操上肢操化中，对称的操化动作指上肢以人体的垂直轴为对称轴，理论上折叠后能够完全吻合的动作，主要包括上、下、前平、斜前、斜上、斜下、侧上、侧下、侧平等对称。对称动作的创新符合人体对称习惯，简单易学。非对称的操化动作即为人体上肢左右两边呈现不同的形态或者围绕人体的垂直轴理论上不能重叠的动作，主要分为左与右、上与下、前与后等非对称。非对称动作复杂多变，不易记住，对运动员的协调性能力要求高，需勤加练习方能施展有度。对称与非对称的技术动作创新可以通过采用不同的空间（水平、冠状等），或者采用不同的双臂动作（屈、展、外展、内收、旋内、旋外等）来进行变化创新。

（2）不同杠杆变化。在竞技健美操中，肢体杠杆的创新主要包括短、中、长三种类型。短杠杆瞬间到位，省时省力。例如，第1拍为左臂肩侧上屈同时右臂肩侧下屈，则第2拍可以编为右臂肩侧上屈同时左臂肩侧下屈，调换一下方向，只有小臂在动，也可以采用由屈变伸，或者小臂绕环等。长杠杆运动轨迹较长，耗费大量臂力，但动作幅度大，给人以舒展、力达指尖之感。例如，第1拍为双臂侧平举，第2拍可以编排为双臂上举、大臂贴耳、两手相握等。当然，在运用肢体杠杆编排时，一般需短、中、长交叉结合进行变化创新，并通过采用不同的线性和大小绕环等动作来改变肢体杠杆的长度等。这样才能给裁判和观众舒展自如之感，让人感受到竞技健美操的复杂与魅力。

（3）不同手型变化。竞技健美操的手型有很多种，它是从芭蕾舞、现代舞、迪斯科、武术中吸收和发展而来的，主要包括七类：①并拢式（并掌），即五指伸直，相互并拢，大拇指微屈，指关节贴于食指旁；②分开式（开掌），即五指用力伸直，充分张开；③芭蕾手式，即五指微屈，后三指并拢、稍内收，拇指内扣；④拳式，即握拳，拇指在外，指关节弯曲，紧贴于食指和中指；⑤立掌式，即五指伸直，手掌用力上翘；⑥西班牙舞手式，即五指用力，小指、无名指、中指自掌指关节处依次屈，拇指稍内扣；⑦花式，在

②分开式的基础上小指伸直向掌心回弯到最大限度，无名指会随小指回弯。手型是手臂动作的延伸和表现，手型变化使操化动作更加丰富多彩，生动活泼，更具有感染力。

（4）不同节奏变化。操化动作的节奏一般有 1 拍 1 动、2 拍 3 动或者 1 拍 2 动（可以是手臂也可以是脚步），也可称为慢、中、快三种。操化动作随着节奏变化展现出不同的动作力度，一套优秀的竞技健美操套路应该有它自己操化节奏的平铺直叙与高潮，在跌宕起伏中给人以抑扬顿挫之感。操化动作的节奏可有多种变化，例如，慢＋慢＋快，慢＋快＋慢，慢＋中＋慢＋快，慢＋中＋快＋快，快＋慢＋快，等等。操化动作的节奏变化可以说是无穷无尽的，根据运动员的能力和一般节奏的变化可设置在开始阶段、中间环节或者在整套操的最后，对于能力比较强的可以在一套操中设置多个节奏起伏明显的地方，这样更能凸显整套操的魅力所在。

2. 下肢操化动作创新

竞技健美操的下肢操化动作主要包括踏步、后踢腿跑、吸腿跳、踢腿跳、开合跳、弓步跳、弹踢腿七个基本步法。在此基础上通过变化各个步伐的空间以及角度、高度、速度、节奏与方向来进行动作创新。例如，踏步通过改变角度可以得到"V"字步、"A"字步，通过改变方向可以得到并步，可以迈步转体等；又比如，弹踢腿，可以前、后弹踢，也可以侧踢等。

总之，竞技健美操操化动作的创新离不开上、下肢的协调配合、组合，只有将上、下肢完美结合才可以衍生出更多富有新意的操化动作。

三、竞技健美操难度动作创新训练

难度动作创新是指将难度动作进行分类，对各类动作的技术原理及技术特征进行综合分析，再根据不同种类难度动作基本规律、力学原理，创造独特的难度组合，以此创造出更新、更难的高难度动作。

（一）竞技健美操难度动作创新的必要性

难度动作创新程度的高低是比赛名次高下的关键，难度动作创新是成套动作的精华，是整个技术的核心。难度动作的创新顺应了难度动作演变规律的需要，"难、新、美"是难度动作演变的必然要求。创新是竞技健美操难度动作发展壮大的不竭动力，是其不断完善与精细的助推器。

难度动作创新是难度动作分值不断改变的需要。国际体联已经降低了原有难度动作的分值，导致 0.8 分以下的难度动作比率在减少，0.9 分以上的高难度动作的比率在增加，所以迫切需要创新或演变出新的难度动作以补之差额。

难度动作创新是难度动作总数不断变化的需要。新规则中难度动作数量有所下降，国际体联对原先难度水平低、没有竞技价值的难度动作进行了合并与删减，这说明了国际体联需要创新和发展来拓展新的空间。

难度动作创新是改善裁判审美疲劳的撒手锏。A，B，C，D 四类难度动作可供运动员们选择，选择范围非常广，但通过统计与观察，发现运动员们常用的动作只有几个，所以当别的运动员的难度动作都类似时，一个出其不意的创新的难度动作便会吸引裁判与观众的眼球，从而获得高分。

（二）竞技健美操难度动作创新训练

1. 单个难度动作创新

难度动作经历了萌芽期、移植期、移植创新、创新、多元创新发展 5 个时期。从刚开始的零星难度动作发展到今天的 A 组动力性力量、B 组静力性力量、C 组跳与跃以及 D 组平衡与柔韧四大类共 336 个难度动作，经历了一个由简单到复杂、由少到多、由旧到新再到多元的发展历程。

单个难度动作主要采用逆向的思维或者难度递进加难的方法进行创新。逆向思维是指从反向进行考虑，动作顺序逆向主要用于复合动作，是将现有两个或多个动作顺序颠倒过来，从中获得新动作的创新方法。例如，转体 180° 屈体跳，逆向改变动作顺序后的难度就成为屈体跳转体 180°。

而难度递进加难是指在不改变原有动作技术原理的基础上，对其内容与形式逐级加难来达到创新目的的方法。通常通过改变身体的形态由团身、屈体到直体进行加难，也可以增加转体的度数或者周数进行加难创新。比如，由 360° 变成 720°，一个依柳辛再来一周变成双依柳辛，难度得到了增加，同时提高了分值。比如，A 组中俯卧撑（A101，0.1）—单腿俯卧撑（A102，0.2）—单臂俯卧撑（A103，0.3）—单臂单腿俯卧撑（A104，0.4）就是通过难度动作系数不断增加从而实现创新的。

2. 两类难度组合动作创新

难度组合是指两个难度动作在没有任何停顿、犹豫和过渡的前提下直接组合，这两个难度动作可以是同组别或者不同组别的，但必须是不同类别的，它们将被视为两个难度，若这两个难度均达到了最低完成标准，则该难度组合会得到 0.1 的加分。在最新版的规则中出现了根命组、根命名的新规定，即相同根命组、根命名的难度动作不能在一套操中重复出现，如以前在大赛中经常出现的团身跳 360° ＋科萨克 360° 难度组合，虽然同组，但却因在同一根命组所以不能组合，因而只能尝试不同组别难度动作的组合创新。难度组合的出现给了高水平的选手更大的发挥空间，同时在一定程度上提高了难度动作的技艺性和观赏性。难度组合出现的次数越多并且变化越多样，操化组合的自由空间就越大，成套动作的编排也就越具观赏性和艺术性。

两类难度组合创新法就是从整体出发，系统地对因素、结构、层次、功能以及动作方向路线进行新的选择、组合和建构，使创造性思维拓宽、变广。在竞技健美操难度动作创新中，组合创新法属于常用的方法，规则中出现的很多难度动作均属于组合创新。

第五章　高校流行健美操训练研究

第一节　有氧拉丁操训练研究

一、有氧拉丁操概述

（一）有氧拉丁操的起源

有氧拉丁操是由拉丁美洲舞演变形成的。拉丁美洲舞就是拉丁舞，起源于非洲，流行于拉丁美洲，后来与欧洲南部的舞蹈音乐结合，并由拉丁语系移民带到南美洲（又称拉丁美洲），与当地的土风舞相互融合，逐渐形成了如今的伦巴、恰恰、桑巴、牛仔、斗牛等新的舞种。现今拉丁舞已经风靡全球。有氧拉丁操有机结合了充满活力与时尚的健美操和动感火热的拉丁舞，它将活跃、时尚的有氧健身操动作和特点鲜明的拉丁舞蹈动作在拉丁舞热情四射、节奏强烈的音乐伴奏下有机结合起来，是一种新的健身方式。由于练习拉丁舞动作时必须经常摆动髋部，所以练习有氧拉丁操有助于健身者充分锻炼自己的腰部。

2000 年，有氧拉丁健美操开始在我国北京等地流行开来。这类健美操利用热情奔放的拉丁舞音乐营造充满激情的氛围，使健身者以饱满的热情充分展示自己矫健优美的身姿，并通过疯狂的扭动，在淋漓汗水中消耗掉腿部多余的脂肪。

拉丁健美操虽然是从国标中的拉丁舞演变而来的，但从基本步伐上看，前者的要求相对来说没有那么严苛，也没有限制运动人数，可以是单人运动，也可以是多人运动。由于拉丁健美操是健美操的一种，因此它也很注重能量消耗，对动作细节没有做出太高要求，运动者只需在保证运动量的前提下，协调活动腰、胸、髋、肩等身体各个关节即可。与拉丁舞相比，有氧拉丁操的动作要简单很多。有氧拉丁操以健身步法为主，练习者可以很快学会其技术动作要领。

（二）有氧拉丁操的特点与功能

1. 有氧拉丁操的特点

（1）热烈奔放。有氧拉丁操具有奔放、热情的特点，练习者可以在锻炼身体的同时，获得愉悦的运动体验。有氧拉丁操要求运动者全身心投入其中，要做到无所顾忌，全然放开，将拉丁舞的感觉淋漓尽致地发挥出来，在音乐中使身体与精神得到释放。有氧拉丁操使用了奔放、热情的音乐伴奏，能表现出浓郁的激情，在拉丁风格的配器与迪斯科的节奏的衬托下，将拉丁舞的异域风情生动地展现出来，给予练习者美好的运动体验。

（2）锻炼全面。在进行有氧拉丁操运动时，健身者全身大部分的关节和肌肉都会参与锻炼，因而全身减脂的效果也非常好。有氧拉丁操的锻炼重点在于腰部和髋部，同时它也能使大腿内侧得到充分的锻炼。

（3）负荷强度小。有氧拉丁操负荷强度非常小，适合所有人群练习。但由于有氧拉丁操具有自由随意、热情奔放、节奏明显等特点，因而更适合年轻人参加。

（4）更具健身性和普及性。有氧拉丁操在动作细节上降低了专业拉丁舞对双人配合的要求，因而更具健身性和普及性。

2. 有氧拉丁操的功能

第一，有氧拉丁操以多关节运动为主，还增加了一般健身练习中较少练习到的髋部及腰腹部练习，故对提高髋部和腰部的灵活性和身体协调性有明显的作用。

第二，有氧拉丁操以拉丁舞为基础，大量吸收了拉丁舞的动作风格和特点，不但具备减脂和塑造身体线条的锻炼价值，同时也具备较强的表演性和欣赏性。

第三，通过有氧拉丁操的练习，练习者能达到减脂和塑形的目的，也可以提高创造美、欣赏美的能力。

二、有氧拉丁操的健身动作

有氧拉丁操主要包括四个部分，分别为对人体局部灵活性具有针对性锻炼功能的热身部分，具有减脂功效和强化心肺功能的有氧练习部分，能帮助练习者更好地放松运动过程中的紧致肌肉的放松部分和舒缓练习者肌肉线条、避免其运动后肌肉疼痛的伸展部分。

站在技术动作这一角度看，有氧拉丁操的动作较简单，但要求练习者能精准把控运动的节奏和用力方法。在练习有氧拉丁操时，通常使用由里向外、从上到下的用力顺序，即在运动时感受从地面传到脚、腿、髋再到腰、躯干的地面向人体反馈的所有反作用力，而手臂的动作是由躯干内部发力向外延伸。另外，全身各部位的协调用力是完成好动作的关键，如基本动作中，左膝内扣，髋右转动时躯干应左转，也就是左右两侧的对应要形成对抗状况，这样能积蓄力量来完成下面的动作。此外，有氧拉丁操基本动作在其技术动作中有着非常重要的地位，学习时一定要注意。下面介绍几项常见的有氧拉丁操基本动作。

（一）抖肩（shaking of shoulders）

在做抖肩动作时，健身者需双臂伸直侧下举，五指分开，掌心向前，左肩前顶，右肩后展，再右肩侧顶，左肩后展。

（二）恰恰步（chacha）

恰恰步节奏为1哒2，即两拍三动的形式。以右侧恰恰步为例，在健身者健身时，右腿向右侧迈出1拍"哒"，左腿并步；右腿再向右侧迈出。应当注意的是，恰恰步的变化很多，可以向侧、向前、向后，可以并步或交叉步，可以单独做或结合别的步伐一起完成。

（三）曼波步（mambo）

曼波步节奏为均匀的节奏，没有切分节拍，可以前后、向一侧迈步或结合转体动作，在传统健美操中也常用这个步伐。运用该技术动作时，左脚向前一步，重心前移，同时向左摆髋；随后，重心后移至右脚，同时向右摆髋；左脚向后一步，重心后移，同时向左摆髋；然后，重心前移至右脚，同时向右摆髋。做曼波步时，双臂屈肘于腰间自然摆动。

（四）桑巴步（samba）

桑巴步的节奏形式也是 1 哒 2，两拍三动，但与恰恰步不同的是，它的"哒"拍时间很短，并且完成动作时节拍要有短暂的停顿。以向右的桑巴步为例，在健身者健身时蹬左腿向右一步，重心右移，同时身体左转；"哒"左腿向右腿后点一步，同时右腿微微屈膝抬起，重心在左腿；把重心移至右腿，右脚原地点地一次。桑巴步也可用来做移动或连续多次使用，整个动作主要注意髋部随着重心移动而左右摆动。

三、有氧拉丁操的组合训练方法

（一）有氧拉丁操组合训练一

1. 第一个八拍

面向 1 点钟方向，五指分开，手臂随身体摆动。1～2 拍右侧并步，3～4 拍右侧恰、恰、恰，5～6 拍右腿后伸，7～8 拍左前恰、恰、恰。

2. 第二个八拍

在 1～4 拍时身体面向 1 点钟方向，5～6 拍时面向 8 点钟方向，7～8 拍时面向 2 点钟方向。五指自然分开，1～4 拍随身体摆动，5～8 拍手臂打开与伸腿方向相对。1～2 拍右前恰、恰、恰，3～4 拍左前恰、恰、恰，5～6 拍右脚左前交叉点，7～8 拍左脚右前交叉点。

3. 第三个八拍

面向 1 点钟方向，五指分开，手臂随身体摆动。1～2 拍右左前进两步，3～4 拍恰、恰接后屈左膝，5～6 拍后退左恰、恰、恰，7～8 拍后退右恰、恰、恰。

4. 第四个八拍

面向 1 点钟方向，五指分开，手臂随身体摆动。1～2 拍左侧弓步，3～4

拍收左腿恰、恰、恰，5～8拍与1～4拍动作相反，5～6拍右侧弓步，7～8拍收右腿恰、恰、恰。

（二）有氧拉丁操组合训练二

1. 第一个八拍

面向1点钟方向，五指分开，手臂随身体摆动。1～2拍出右腿转髋，3～4拍收右腿，5～6拍出左腿转髋，7～8拍收左腿。

2. 第二个八拍

面向1点钟方向，五指分开，手臂随身体摆动。1～2拍右侧桑巴步，3～4拍并腿，5～6拍左侧桑巴步，7～8拍并腿。

3. 第三个八拍

除3～4拍面向8点钟方向外，其他节拍都面向1点钟方向，五指自然分开，手臂随身体摆动。1～2拍右侧并步，3～4拍左后交叉恰、恰，5～8拍一字步。

4. 第四个八拍

面向1点钟方向，五指分开，手臂1～4拍随身体摆动，5～6拍左臂前伸、右臂后伸，7～8拍相反。连续进行左"V"字步移动。

第二节　有氧踏板操训练研究

一、有氧踏板操概述

（一）有氧踏板操的起源

有氧踏板操（Step Aerobics）是健美操运动中出现最早的一项有氧运动。据说它最早是由一名膝部受伤的美国有氧操教练在1968年创造发明的，并迅速流行于美国，如今已成为世界流行的一项有氧健身运动。

踏板操也是一种有氧运动，这种健身运动通常发生在一块宽 40cm、长 90～110cm 的专用健美操踏板上。踏板的高度可以根据运动者的需要进行调节，最低通常为 10cm，可以 5cm 为一档按需调节。踏板越高，运动的强度就越大，同时脚部受到的负荷越重。踏板操能达到中高运动强度，能有效提高练习者的有氧运动水平。有氧踏板操有较强的娱乐性和挑战性，它能提高练习者对全身力量的控制能力和运动过程中的协调能力。一般情况下，练习者主要使用自己的踏板进行运动，在一些级别较高的有氧踏板操课程中，还可以发现有的人能够同时使用两块踏板。目前，一些规模较大的健身机构、企业也开设了踏板操课程供有这方面健身需求的人士学习训练。有氧踏板操以其有效、特别的健身效果，受到了诸多健身爱好者的广泛欢迎。

（二）有氧踏板操的特点与功能

1. 有氧踏板操的特点

（1）运动负荷的可控性较大。有氧健身运动通常保持中、低水平的运动强度。运动者在进行健身练习时应对运动的强度做出精准的控制与把握，这对于初次接触健身运动的人和经验较少的健美操指导员来说比较困难，这一问题可以利用踏板操解决。对踏板下垫板的高度做出适当调整，能帮助练习者灵活地调节运动强度。动作相同时，踏板越高，运动强度越大，消耗的能量就越多；反之，运动强度越低，耗能也越少。健身者可利用这一规律结合锻炼目的与自身条件，选择适合自己的踏板高度。需要注意的是，运动者进行高强度健美操运动的时间应控制在 1 分钟以内，一般情况下，上板强度比下板强度大很多，高强度练习通常不适合初学者。

（2）较好的安全性。由于踏板操运动需要运动者在踏板上持续进行前后、上下移动，仅会涉及很少的跳跃性运动，并且运动者在下板时，其脚部在接触地面的过程中会同时发生缓冲动作，下肢关节也随之发生明显的过渡和屈伸动作，因而最大程度降低了运动员因长时间跳跃而受到运动损伤的可能。练习者练习踏板上板的运动时，应注意将身体重心的高度提高，并在下板时适当将重心的高度降低，同时加强发力时对臀部和腿部的控制，为下肢关节与韧带提供保护。

（3）较强的娱乐性。踏板的使用使得动作内容大大增加，因而在练习时就可以充分利用踏板的面以及踏板的4个角来完成上、下板的连接动作或单纯的板上运动；同时，也可以按需要将踏板摆在不同的位置，如横板、纵板，还可以同时利用2块、3块甚至4块踏板进行练习，从而增加踏板动作的有趣性。但要注意，在利用踏板的角运动时，要防止踩偏和踩空。

2.有氧踏板操的功能

（1）提高人体的心肺功能。在进行有氧踏板操锻炼时，由于人体要克服自身重力的负荷，因此在完成同样的动作时，在踏板上练习要比在平地上练习消耗的能量更多，而这种有氧运动负荷的合理增加，有利于提高人体的心肺功能。

（2）培养练习者良好的方位感。与地面上的运动相比，在踏板上进行健美操锻炼的难度会明显增加。这是因为踏板是一个有体积的立体物质，在踏板上运动与在平地上运动有很大差别。例如，与踏板的距离过近时，腿不容易踢翻踏板；与踏板的距离过远时，又不能与踏板很好地接触；踩在踏板边缘或迈步过大时，容易摔倒；等等。这都要求运动者具备良好的位置感，能精准确定踏板位置和自身位置。踏板的形状与长方体接近，运动者在踏板上做组合运动时，需要经常变化方向，如果运动者不能把握踏板与自身的位置关系，找准方向，就会赶不上节拍或踏不到正确位置，因而长期进行踏板练习有助于运动者建立良好的方位感。

（3）塑造良好的下肢形体。有氧踏板操中较常被锻炼的是臀部与大腿的肌肉，这两个部位在所有上、下踏板的运动中，主要用于克服运动过程中身体的重力影响，并按要求完成对应的技术动作，进行技术动作受到的阻力远小于运动过程中的最大力量。因此，踏板属于一种长时间、小重量抗阻肌肉训练，具有消耗臀部、腿部多余脂肪和突出肌肉线条的作用，同时不会增加肌肉围度，对腿部与臀部塑形健美非常有效。

二、有氧踏板操的健身动作

有氧踏板操的基本动作可以根据需要，自己进行创新和练习。下面介绍几种比较常见的基本动作。

预备姿势：面对踏板，直立，双腿并拢，双手叉腰。

1. 上下板

面对踏板，双脚依次上、下板；左脚上板；右脚上板，双腿并拢；左脚下板；右脚下板，双腿并拢。上、下板可以变形为"V"字步和"A"字步。"V"字步是健身者站在地上，双腿并拢，呈立正姿势；板上，双腿分开，同肩宽。"A"字步是健身者站在板上，双腿并拢，呈立正姿势；地上，双腿分开，同肩宽。

2. 点板

点板是健身者面对踏板，双手叉腰，左脚脚跟点在板上，然后收回，呈立正姿势。重心落在地面的脚上，点板脚为虚点步。

3. 单腿支撑

单腿支撑是一种交替上板的动作，每次上板都改变引脚。单腿支撑，另一腿为动力腿或做动作腿。单腿支撑可以变形为提膝、侧踢、后抬腿、前踢。

4. 转板

转板是一种转体 180° 的交替步伐或是转体的交替"V"字步。在板的一侧经过板上到板的另一侧下板。健身时，健身者右脚上板，1/4 转向前面，左脚上，右脚下，然后再左脚下。转板可以在第四拍变形为前提膝或后屈腿。

5. 过板

过板是在板的一侧经过板上到板的另一侧，方向不变，可横板，也可竖板。过板可以变形为在板上小跳或小吸腿跳。

6. 板上落

这是一种交替落脚的着地步伐。在板上开始动作，要注意以较慢的速度开始，落地是前脚掌落地。板上落可以变形为单单双、后脚落、倒蹲。

7.跨板

可以在板上下板，双脚跨在板两侧，从板两侧上板。注意脚落板和上板的位置。跨板可变形为单侧落下，上板时前吸、前踢、侧踢，从板侧开始跨板。

三、有氧踏板操的组合训练方法

（一）有氧踏板操初级组合训练

初级动作组合的每个动作重心和全脚掌都要落在板上，离板近的脚先上板。每个组合均为32拍的右、左脚组合，即右脚先开始，32拍组合动作结束时的最后一拍动作落在右脚上，接着左脚开始完成反方向的32拍组合动作。

1.初级组合训练一

（1）第一个八拍。面向1点钟方向，双手握拳。1～4拍双臂体侧屈肘，前后摆动，右脚一字步上下板；5～8拍同1～4拍。

（2）第二个八拍。1～2拍面向8点钟方向；3～4拍和7～8拍面向1点钟方向；5～6拍面向2点钟方向。双手握拳，双臂体侧屈肘，前后摆动。1拍右脚上板，2拍左脚后屈，3～4拍下板，5～8拍同1～4拍。

（3）第三个八拍。1～2拍面向8点钟方向，3～4拍和7～8拍面向1点钟方向，5～6拍面向2点钟方向。双手握拳，双臂体侧屈肘，前后摆动。1拍右脚上板，2拍左脚前吸腿，3拍左脚下板，4拍右脚点地，5拍左脚点板，6拍左腿前吸，7～8拍下板。

（4）第四个八拍。1～6拍面向3点钟方向，7～8拍面向1点钟方向。双手握拳，双臂体侧屈肘，前后摆动。1～4拍向右45°上板吸腿一次，5～8拍向左45°上板吸腿一次。

2.初级组合训练二

（1）第一个八拍。1拍右脚点板，2拍右脚下板，3～4拍相反，5～8拍右脚一字步上下板1次。1～4拍双臂在体前击掌，5～8拍双臂体侧屈肘握拳前后摆动。

（2）第二个八拍。1～2拍右腿上板"V"字步，3～4拍下板内转90°，5～8拍同1～4拍但方向相反。双臂体侧屈肘握拳，前后摆动。

（3）第三个八拍。1～2拍右脚上板"V"字步，3～4拍下板，5～8拍同1～4拍。双手握拳，双臂自然前后摆动。

（4）第四个八拍。1拍右脚上板，2拍左脚前吸腿，3拍左脚点地，4拍左腿前吸，5拍左脚点地，6拍左腿前吸，7～8拍下板。双手握拳，双臂自然前后摆动。

（二）有氧踏板操中级组合训练

每个组合均为32拍的右、左脚组合，即右脚先开始，结束时的最后一拍动作也落在右脚上，随后左脚开始完成反方向的32拍组合动作。

1.中级组合训练一

（1）第一个八拍。1拍右脚上板，2拍左脚前吸腿，3～4拍脚下板，5～8拍左脚上板"V"字步，下板后内转90°。双手握拳，1～4拍双臂自然前后摆动，5～8拍双臂体侧屈肘前后摆动。

（2）第二个八拍。1拍右脚上板，2拍左脚上板同时右腿跳吸，3～4拍过板下板，5拍右脚向前一步，6拍左脚上步，7拍转体180°，8拍向前走一步。1拍双臂胸前屈，2拍双臂上伸，3拍双臂胸前屈，4拍双臂体侧，5～8拍双臂自然前后摆动。其中，手型1～4拍为拳、掌，5～8拍为拳。

（3）第三个八拍。1拍右脚侧上板，2拍左脚前吸腿，3拍左脚下板，4拍右腿后伸，5拍右脚上板，6拍左脚后抬同时后绕过板，7～8拍左转90°下板。1～4拍双臂自然前后摆动，5拍双臂胸前弯曲，6拍双臂上伸，7～8拍双臂落在体侧。其中，手型1～4拍为拳，5～8拍为拳、掌。

（4）第四个八拍。1拍右脚上板，2拍左腿侧抬，3～4拍下板，5～8拍同1～4拍但方向相反。1～2拍双臂侧举，3～4拍双臂自然落下，5～8拍同1～4拍。注意练习时掌心要向前。

2.中级组合训练二

（1）第一个八拍。面向1点钟方向。1～4拍双手五指自然分开，双臂侧平举；5～8拍双手握拳，双臂自然前后摆动。1拍右脚上板，2拍左腿侧抬，

3～4拍下板,5拍左腿跳上板同时右腿侧抬,6拍板上跳左腿侧摆一次,7～8拍左脚下板。

（2）第二个八拍。1～2拍面向2点钟方向,3～4拍面向3点钟方向,5～6拍面向1点钟方向,7～8拍面向7点钟方向。1～4拍五指自然分开,掌心向外,双臂斜上举;5～8拍左手握拳,左臂前伸侧落,右手叉腰。1拍左脚上板,2拍右腿后抬,3～4拍下板,5拍左脚上板,6拍右腿后屈跳并左转90°,7拍右脚先下板,8拍左脚并拢。

（3）第三个八拍。1～2拍面向7点钟方向,3～4拍面向6点钟方向,5～6拍面向1点钟方向,7～8拍面向3点钟方向。1～4拍五指自然分开,掌心向外,双臂斜上举;5～8拍右手握拳,右臂前伸侧落,左手叉腰。1拍右脚上板,2拍右腿后抬,3～4拍下板,5拍右脚上板,6拍左腿后屈跳并右转90°,7拍左脚先下板,8拍右脚并拢。

（4）第四个八拍。1～2拍面向3点钟方向,3～4拍面向1点钟方向,5～6拍面向2点钟方向,7～8拍面向1点钟方向。双手握拳,双臂上伸。1拍左侧双腿跳上板,2拍板上小跳一次,3拍左脚先下板,4拍右脚并拢,5拍右侧双腿跳上板,6拍板上小跳一次,7～8拍下板。

（三）有氧踏板操高级组合训练

高级组合训练的每个组合均为32拍的右、左脚组合,即右脚先开始,结束时的最后一拍动作也落在右脚上,随后左脚开始完成反方向的32拍组合动作。

1.高级组合训练一

（1）第一个八拍。1拍右脚上板,2拍左脚前吸腿,3～4拍左侧下板,5～8拍左脚左侧上板同时侧并步横过板。1～4拍双臂体侧屈肘前后摆动,5～8拍双臂胸前交叉向外绕。1～4拍手型为拳,5～8拍注意掌心要向外。

（2）第二个八拍。1拍左脚从右侧上板,2拍右腿前吸上板,3～4拍下板,5～6拍板下右脚左斜前迈步,7～8拍右脚侧并步。双手握拳,1拍双臂弯曲,2拍右臂侧举,左臂胸前平屈,5～6拍左臂前举、右臂上举,7～8拍双臂侧平举。

（3）第三个八拍。1拍左脚尖板上左侧点,2拍右脚尖板上右侧点,3～4

拍下板恰、恰，5 拍右脚上板，6 拍左腿侧抬，7 ～ 8 拍下板。双手握拳，双臂自然前后摆动。

（4）第四个八拍。1 拍右脚侧上板，2 拍左腿侧抬跳同时后绕，3 ～ 4 拍过板下板，5 ～ 6 拍左腿绕板左转 45° 恰、恰，7 ～ 8 拍右腿绕板左转 45° 恰、恰。1 ～ 2 拍双臂上举，3 ～ 4 拍双臂自然落下，5 ～ 8 拍双臂自然前后摆臂。注意 1 ～ 4 拍时掌心要向外，5 ～ 8 拍时握拳。

2.高级组合训练二

（1）第一个八拍。1 ～ 4 拍面向 1 点钟方向，5 ～ 6 拍面向 2 点钟方向，7 ～ 8 拍面向 7 点钟方向。1 ～ 4 拍五指自然分开，掌心向外，5 ～ 8 拍双手握拳。1 拍时双臂斜上举，2 拍双臂下拉胸前屈，3 ～ 4 拍自然放至体侧，5 ～ 8 拍两小臂向上屈。1 拍右腿跳上板同时左腿后抬，2 拍左腿前收，3 ～ 4 拍下板，5 ～ 6 拍左腿板上恰、恰，7 ～ 8 拍下板同时左转 90° 。

（2）第二个八拍。1 ～ 4 拍面向 7 点钟方向，5 ～ 8 拍面向 1 点钟方向。双手握拳，双臂体侧屈肘，前后摆动。1 拍右腿侧上板，2 拍左腿后屈跳，3 拍左脚后交叉点地，4 拍左腿后屈，5 ～ 6 拍下板，同时右转 90° ，7 ～ 8 拍左脚尖点板一次。

（3）第三个八拍。面向 1 点钟方向。双手握拳，双臂自然前后摆动。1 拍右脚上板，2 拍左腿向板左侧迈一步，重心在左侧，3 ～ 4 拍右侧横过板，5 拍重心在右腿，6 拍重心落在左腿板上，7 ～ 8 拍下板。

（4）第四个八拍。1 ～ 3 拍和 6 ～ 8 拍时面向 1 点钟方向，4 ～ 5 拍面向 3 点钟方向。双手握拳，双臂体侧屈肘，前后摆动。1 拍右脚上板，2 拍前吸左腿，3 拍左脚板前点地，4 拍前吸左腿，5 拍下板，6 拍右脚跟点板，7 拍右腿前吸，8 拍下板。

第三节　有氧搏击操训练研究

一、有氧搏击操概述

（一）有氧搏击操的起源

有氧搏击操也叫跆搏，是起源于美国的一种有氧健美操运动。这种运动充分吸收了拳击运动消耗能量大的特点，基于拳击、空手道、散打等一些动作的组合，在音乐的伴奏下，进行有氧锻炼。有氧搏击操传入亚洲后，又与东方的武术、跆拳道等相结合。练习者在音乐有节奏的伴奏下，通过酣畅淋漓的拳脚动作锻炼身体，获得健康的体魄。这样的锻炼方式安全、科学、有效，既能达到锻炼身体的目的，又具有独特的魅力与特性。有氧搏击操是一种颠覆传统的全新的健身概念，它能够使运动者在燃烧脂肪的同时，获得更强的力量与更多的趣味，产生更理想的健身减脂效果，使身体上容易堆积脂肪的各个部位，尤其是腹部、腰部和臀部等得到很好的锻炼。

人们常用的一些自我防卫动作经演变形成了有氧搏击操。例如，有氧搏击操的动作中，手臂动作是由拳击动作演化形成的，而腿部动作则借鉴了跆拳道的腿法动作。获得 7 次空手道世界冠军的美国运动员比利·布兰克斯最先创造了有氧搏击操，并创办了第一家以"跆搏"为主要运动项目的俱乐部。受他影响，越来越多喜欢健身的人对有氧搏击操表现出很大的热情，有氧搏击操由此迅速风靡世界。

随着人们健康意识的不断增强和物质精神生活水平的不断提高，越来越多的健身项目出现在社会中。在这样的社会环境下，有氧搏击操在十多年的时间里得到了快速传播和推广。在这十多年的时间里，人们改变了一直以来对健美操的"女性化"的认知，有越来越多的男性健身者加入健美操运动行列，有氧搏击操近年来更成了健身机构的热点健身项目之一。

（二）有氧搏击操的特点与功能

1. 有氧搏击操的特点

（1）科学安全，全面健身。

有氧搏击操是一种有氧健身运动。一方面，练习有氧搏击操可以对人体的循环系统进行科学锻炼，使其功能得到有效强化，并维持机体健康，增强机体对疾病的抵御能力；另一方面，练习有氧搏击操有助于持续消耗能量，有效减少堆积在体内的脂肪，达到减肥美体的目的。练习者在练习有氧搏击操时强度应适中，要对运动量做出科学的规划，进行合理控制，在尽可能避免伤害与增进健康的前提下选择运动动作，以臆想出对手而非真正面对面搏击的形式练习搏击操，保证锻炼的安全性。

运动者练习有氧搏击操时，可以进行综合套路练习，也可以进行部位分解练习，单独练习手臂、腿法、步伐或躯干等。有氧搏击操的动作虽然比较简单，但仍需要动用全身各个部位协同练习。以直拳动作为例，练习者要先用右脚蹬向地面，将力量通过大腿、脊髓、腰部传输到胸部、手臂、肩部，最后传输到手部，通过拳头发出来。从这一运动来看，有氧搏击操具有全面健身的功能。

（2）简单易学。

练习有氧搏击操时，运动者的上肢动作以挥勾拳、摆拳和直拳为主，同时以掌部、臂部动作配合；下肢动作则以侧踢、弹踢、后踢、膝踢为主。练习者在练习时需要注意这些动作的用力顺序，找准用力位置，直观地表现出拳脚动作，但不要求与搏击、拳击竞赛和实战中有相同的力度、准头和速度，因而，普通人勤加练习也能轻松做好。此外，有氧搏击操不强调将多个动作以复杂花哨的形式组合起来，它要求动作直观、易于观察，甚至不需要有太多的方向变化，再加上其教学通常采用慢速教学或分解教学的方法，因而其很容易被练习者学会和熟练掌握。

（3）挑战性与娱乐性相结合。

在教练员的带动和节奏强烈的音乐伴奏中，有氧搏击操练习者的热情被充分激发出来，发力刚劲，动作潇洒果断，在运动的同时发出嘹亮的呐喊，将气氛烘托得更加热烈。在良好的环境氛围中进行教学，能有效提高教学效率，增强教学效果，许多有一定难度和挑战性的动作也能被练习者很好地领悟和掌握。在这样的环境中，练习者以奔放的激情面对假想敌，通过体验"挑战"来获得胜利的喜悦。

2.有氧搏击操的功能

（1）有益于身心健康。有氧搏击操是一种基于有氧练习的健美操运动，对健身的全面性十分看重，能使运动者的心肺功能全面增强、运动素质显著提升。持续练习有氧搏击，可以使交感神经系统变得更加兴奋，能有效促进相关腺体的分泌，从而改善和强化呼吸系统与心血管系统的生理机能。有氧搏击操有很多大幅度的动作，会反复牵拉肌纤维，能使肌肉变得更柔韧有弹性。有氧搏击操移动灵活多变，经常锻炼还能使机体的灵敏度得到提高。随着练习的深入，腿部踢、踹的动作练习越来越频繁，练习者机体的身体耐力、平衡感、协调性也会显著提升，人体的综合健康水平会由此得到有效改善。

（2）塑形美体。有氧搏击操讲究动作快、准、灵活多变，尤其运动者在做转腰、出拳、踹腿等动作时，不仅要做到快速准确，还要体现爆发力，由此充分锻炼上肢与下肢，使双臂和双腿拥有优美的肌肉线条。在动作方面，有氧搏击操要求腰腹的发力要有所控制，进而使腰腹部力量得到锻炼，同时实现腰腹部曲线的美化。

（3）减肥瘦身。有氧搏击操强调动作的力度与速度，要求在运动过程中大幅度伸展肢体，有力、迅速地挥摆同时快速移动。这些动作都会在一定程度上增大运动负荷、提高运动强度，使运动者大量消耗能量，能帮助运动者有效实现全面减肥塑体。练习有氧搏击操要求运动者凭借腰腹肌的协调用力保障发力和保持身体稳定，同时为下肢灵活移动创造便利，因而练习有氧搏击操能使练习者的腰腹部与下肢部位取得很好的减肥效果。

二、有氧搏击操的健身动作

（一）有氧搏击操的基本站姿

有氧搏击操的站姿分为正面站姿与侧面站姿两种。正面站姿为防御姿势，侧面站姿为格斗姿势。

1. 正面站姿

双腿平行开立，稍屈双膝，收腹立腰，双肩平行、下垂放松，双臂屈于胸前，小臂垂直于地面，双拳置于下颌部，身体重心在两腿之间。

2. 侧面站姿

双腿前后分立、稍屈膝，后腿外侧 45°，双腿内扣，身体侧向前方，重心在两腿之间，手臂姿势同正面站姿。

（二）有氧搏击操的基本拳法

有氧搏击操以各种拳击动作的特点为参考创造了基本拳法。练习握拳时，运动者应四指并拢，将手指向内卷握成拳，拇指向内扣在其他手指的第二指节处。下面介绍几种常见的拳法。

1. 直拳

有氧搏击操中较常用、较基本的拳法就是直拳，一般分前手直拳和后手直拳。直拳可以在平行站立和前后站立两种站立姿势上出拳，无论哪种站立姿势都要腿先发力蹬转，然后腰用力，最后是手臂用力。手臂直接打出的同时，旋转拳，手心向下，注意手臂不要完全伸直，这样可以保护肘关节不受伤害。直拳按位置可分为右或左拳，或侧拳的高、中、低三种。

2. 刺拳

刺拳与直拳相似，是直拳派生出的一种快拳招数，分前手刺拳和后手刺拳。刺拳动作轻快，出拳时手臂不完全伸直，顺弹性收拳，上体和髋部移动极小。

3. 勾拳

勾拳的站立姿势和发力与直拳相同，不同的是腰部先要向反方向扭转并压低上体，然后再发力出拳，手臂始终保持弯曲，拳心向后。

4. 锤拳

拳微外旋上举，由上向下呈半弧形斜下劈砸。

5. 摆拳

摆拳分前手摆拳和后手摆拳。左脚蹬地，重心移向右脚，向左拧腰转体，同时右臂由下向上将肘部抬起，肘关节屈度大于 90°、小于 180°，右臂由外沿小弧形向左摆至身体中心线位置。

6. 翻背拳

翻背拳是以拳背为着力点的一种快拳法，脚掌蹬地，上体稍转，以肘关节为轴，拳背领先，快速反臂鞭弹。

7. 肘击

一般采用平行站立，用肘关节进攻，可以分为横击、后击和下击。以右手横击为例，左脚先蹬地，移动重心至右脚，腰部发力向右移动，左手掌推右手拳至右侧，最后力量到达关节。而左下击时要先高抬手臂，右侧腰拉长，然后腰用力收缩，肘下压。

（三）有氧搏击操的基本肘法

有氧搏击操的肘法为一种屈臂的练习形式，是以屈臂形成的肘尖为最后力点的招数。

1. 抬肘

肘关节由下向上，从身体前上方抬起，拳心向下，肘尖受力。

2. 砸肘

肘关节提起，由上向下沿斜方向砸压。

3. 沉肘

身体下沉，提肘，由上向下沿直线出肘。

4. 提肘

扭腰转体，肘关节由下向上沿直线上提，脚尖蹬地挺腰。

（四）有氧搏击操的基本膝法

1. 直膝顶

左腿支撑，右腿迅速屈膝向上顶抬，力达膝尖，同时收腹，身体稍后仰，目视前方。

2. 横膝顶

横膝顶的基本运动路线呈弧形，具体为右膝关节由外向内呈斜线迅速提吸。

3. 跪膝

上体左转 90°，左腿屈膝半蹲，同时右膝直下跪，力达膝尖，同侧手可配合下击。

（五）有氧搏击操的基本腿法

1. 正蹬

一腿先屈膝上提，另一腿微屈膝支撑；屈膝上提腿以脚跟领先由屈到伸，快速发力，直线蹬击。动作时上体略后仰，稍含胸，双手保持防护姿势。

2. 后蹬

身体稍转，一腿屈膝回收，小腿平行于地面，转头回视；向正后方强力挺膝伸展蹬出，身体前俯，眼视正后方，双臂自然弯曲，维持身体平衡。

3. 腾空前踢

左腿屈膝蹬地跳起，右腿在空中由屈到伸，绷脚面，向上弹踢，力达脚尖，眼视前方，双脚依次着地。

4. 侧踹

侧踹分为下段、中段、上段。一腿先屈膝上抬，小腿略外摆，膝盖向内收，支撑腿稍屈膝，提膝腿由屈到伸向侧踹击，力达脚跟或全脚掌，目视前方。

5. 腾空侧踹

可以单脚起跳也可以双脚起跳。主力腿猛地蹬地跃起，在空中向右拧转，右腿由屈到伸，直线方向踹出，力达全脚掌或脚跟，左腿屈膝收髋。动作完成后，两脚依次着地。

6. 横扫

腰髋部摆动，肩部拧转，集全力于一脚面或小腿胫骨，动作路线较长，高速拉弧形发出强大爆发力。

7. 弹踢

移重心至支撑腿，右腿屈膝抬平，大小腿折叠稍内旋，绷脚尖；以膝关节为轴，迅速屈伸弹动小腿，力达脚背或胫骨，眼视前方。

（六）有氧搏击操的格挡动作

1. 上格挡

手臂由下向上防御，手臂离前额约一拳距离。

2. 下格挡

手臂由上向下防御，臂与身体约成一线，手距大腿约 20 厘米。

3. 内格挡

手臂由外向内防御，拳背朝前，拳心对着自己。

4. 外格挡

手臂由内向外格挡，停于肩侧，手同额高。

5. 十字上防

双手腕交叉由下向上防御，双手离前额约一拳距离。

6. 十字下防

双手腕交叉由上向下防御，手置于小腹前 10 ～ 15 厘米。

三、有氧搏击操的组合训练方法

（一）第一个八拍

双手握拳。1 ～ 2 拍身体右转左膝内扣，左踝外展，面向 1 点钟方向，手臂动作为右直拳；3 ～ 4 拍为 1 ～ 2 拍反方向，面向 1 点钟方向，手臂动作为左直拳；5 ～ 8 拍屈膝左转，左弓步，5 ～ 6 拍面向 1 点钟方向，7 ～ 8 拍面向 7 点钟方向，5 拍侧顶左肘，6 拍左前臂屈并外旋，7 ～ 8 拍为右直拳。

（二）第二个八拍

双手握拳。1 ～ 4 拍右侧踢，面向 1 点钟方向，手臂动作为防守姿势；5 ～ 6 拍身体左转，右膝内扣，右踝外展，面向 8 点钟方向，手臂动作为右摆拳；7 ～ 8 拍为 5 ～ 6 拍反方向，面向 2 点钟方向，手臂动作为左摆拳。

（三）第三个八拍

双手握拳。1 ～ 2 拍左转 90° 开合跳，面向 7 点钟方向，手臂动作为右直拳；3 ～ 4 拍开合跳，面向 1 点钟方向，手臂动作为双臂上推；5 ～ 6 拍右转 90° 开合跳，面向 3 点钟方向，手臂动作为左直拳；7 ～ 8 拍开合跳，面向 1 点钟方向，手臂动作为双臂上推。

（四）第四个八拍

面向 1 点钟方向，双手握拳。1 ～ 2 拍双肘下拉，右手在前，手臂动作为屈臂下拉；3～4拍左臂前伸，右臂屈肘后拉，手臂动作为防守姿势；5～6拍同1～2拍；7～8拍为防守姿势。

第四节　有氧健身街舞训练研究

一、有氧健身街舞的起源与发展现状

（一）起源

所谓的 Hip-Hop，其实就是各种街舞的总称。从舞蹈的角度出发，以年代、动作或音乐类型来做区分，街舞可以分成 Old School（旧派）和 New School（新派）两大类。Old School 的舞蹈又包含 Locking（锁舞）、Poping（机器舞）、Breaking（霹雳舞）、Wave（电流）等不同风格的舞蹈模式。街舞产生于美国街头舞者即兴创作的舞蹈动作，墨西哥人与黑人是这些街头舞者的重要代表。大部分流行街舞产生于美国纽约布鲁克林区。这一地区居住的墨西哥人和黑人常常聚集在街头巷尾跳舞娱乐，自然而然形成了多个风格派系，每个派系的舞蹈有其不同的风格特点。

（二）发展现状

早期流行的 Old School 风格的街舞音乐节拍非常快，这是为了与 Breaking 的动作相配合，而后受 Hip-Hop 音乐发展的影响，衍生出 New School 风格的慢节拍音乐。人们发现，如果在 Hip-Hop 音乐伴奏下做"排腿""风车"等动作，很难表现出动作的爆发力，甚至会丧失舞感。自此，人们逐渐认识到，这些 Breaking 动作搭配 Hip-Hop，New School 风格的音乐创造出的效果并不是很理想，于是 New School 与 Old School 逐渐区分开。在20世纪80年代，New School 只有简单的"滑步"等动作，舞步十分简单。1992年，名为 MopTop 的黑人舞蹈团体出现，他们对 Hip-Hop 风格做出了创新。新风格的 Hip-Hop 动作不再有之前那种大范围的移动或大幅度的动作，也没有霹雳舞中与体操类似的地面动作，它重视移动上半身，注重整个身体的协调性，有很多手部的动作。随着 MTV 和各国流行歌曲在全世界的流行，这种新风格的舞蹈也随之传入世界各地，在不同国家表现出不同的风格特点。很多关注西洋音乐的人都知道，所谓的黑人 RAP/Hip-Hop 音乐目前不但早已摆脱黑人小众文化的色彩，而且成为可以和流行音乐、摇滚乐、舞曲相抗衡的音乐流派，它甚至成为排行榜的常客，在流行乐坛占有一席之地。与这股 Hip-Hop 音乐息息相关的服饰、街舞、滑板运动用品等，也日益扩大着其影响。

亚洲地区受 Hip-Hop 影响最深的是日本与韩国，中国大多数音乐爱好者受韩国组合 H.O.T 与酷龙的影响认识了 Hip-Hop。美国 Hip-Hop 文化中的音乐元素被广泛应用到亚洲各国音乐爱好者的生活、学习、爱好、工作中，为其音乐、服饰等注入不同色彩。认真观察当今社会中的年轻男女可以发现，很多 20 岁左右的人喜欢穿着宽松肥大的 T 恤与板裤，他们跳黑人舞蹈、玩滑板，与美国街头青年类似。这足以证明，Hip-Hop 风潮正强势蔓延开来并迅速在追求时尚的年轻人群体中风靡。美国人将 Hip-Hop 设为健身房的运动项目的缘由和具体时间已无法考证，但在中国，Hip-Hop 被设成健身项目有具体、科学的论证依据。起初，人们通过 Hip-Hop 的日常训练提高身体的协调能力和动作表现力，有时也用于表演，Hip-Hop 受到大量观众的喜爱。Hip-Hop 的传播与流行使更多人认识了它，加之其强度和难度适中，因而其具备极佳的健身价值，被健身房广泛采用，且由于其健身效果良好，Hip-Hop 逐渐发展成为国内非常受欢迎的健身方式。

二、有氧健身街舞的特点及功能

（一）特点

首先，街舞并非一般意义上的纯体育项目，它是以体育健身为核心，以流行舞蹈动作为素材，体现时尚、活力并带有欣赏性和娱乐性的新兴运动方式。

其次，街舞的风格性强，富于变化。不同的 Hip-Hop 音乐风格所匹配的动作除了具有基本的随意、松弛的动作感觉外，也会有不同的动作表现形式，而且少有对称的动作，变化无常，继而形成了不同的风格。

最后，街舞给教师和学生更大的发挥空间，具有创造性。在动作编排过程中，不同风格的 Hip-Hop 音乐会带给街舞教师不同的灵感与发挥空间。在教授的过程中，学生除了学习教师的基本动作外，还可以在手臂、头部等部位做一些自己喜欢的简单变化，尽情做出自己的风格，进行再创造。

（二）功能

1.街舞具有有氧运动的功效

街舞虽在流行舞蹈动作的基础上进行了编创，但它能使身体的各个部位都得到充分活动，且教师编创的动作不会对肌肉、关节造成损害。成套街舞的练习和教学会使运动者持续进行强度适中的运动，能在锻炼心肺功能的同时，取得有效的减肥效果。

2.街舞的重要意义在于对心理的调节作用

群体练习是街舞主要的训练形式，再用动感十足的 Hip-Hop 音乐为之伴奏，可以营造出愉悦轻松的练习氛围。好的街舞教师能够让学生在学习街舞的过程中形成良好的表现力，能使其在镜子甚至观众面前忘记心中的烦闷，释放压力，充分展现自我。现代社会生活节奏越来越快，各方面的压力不断增加，对人的身心健康造成很大影响。而街舞这种特别的锻炼方式，能给人带来好的情绪。学习和锻炼街舞，可以有效调节和放松不良心理状态。因此，有人评价街舞说："它是唯一让人带着笑容进行锻炼的项目。"

三、有氧健身街舞的主要技术

（一）缓冲技术

街舞有三种重要的缓冲技术，分别为髋关节的屈伸、踝关节的缓冲和膝关节的弹动。提升缓冲技术水平不仅能帮助练习者更好地把握动作特色，还能保障其运动时的身体安全。练习街舞时，膝关节经常在弹动或微屈状态下进行运动，几乎很少伸直。如在进行最基本的提膝和点地动作时，需要髋关节以屈伸动作和踝关节的缓冲相互配合，协调进行，一方面可以保持动作有较强的律动感，另一方面还能使动作表现得自然松弛，同时能很好地保护关节。

（二）控制技术

在练习街舞时，其控制技术可通过肌肉的用力顺序与方式得到实现。大部分街舞动作强调力度美、动感强，为了达到这样的效果，练习者必须频繁使用肌肉表现出爆发力，如果需要在音乐的弱拍上表现这一动作，则应快速进行动作。因此，练习者应协调好肌肉的舒张与收缩，保障动作达到预期效果。

（三）重心的移动和转换技术

街舞在重心的移动技术方面主要表现在动作方向的变化上，通过前、后、左、右的移动，身体运动的路线发生丰富的变化。街舞的重心转换技术主要靠左右脚支撑的变化来实现，除了上肢和躯干的动作外，这一技术动作占据了很大的比例。它使街舞动作具有律动感和技巧性，从而展现了街舞的基本特色。

四、有氧健身街舞的教学要求

（一）初级课

初级街舞教学课程以帮助学生了解并掌握基本动作和音乐的节奏特点为教学目的。教师可基于舞蹈的基本动作编创出简单的套路供学生练习。这种套路中虽然没有很多动作内容，但有较强的对称性，易于学生学习、记忆和掌握。这是街舞学习者入门的第一步。

（二）中级课

中级课程与初级课程相比，教学内容更加丰富，舞蹈动作有了更多的变化，但动作不再表现出特别明显的对称性，有时教师会在课程中加入简单的转体、跳跃等技术动作。练习动作时，教师应注重引导学生的学习体验和感受，不仅要求学生能熟练掌握教学动作，还要了解和把握舞蹈的风格特色。

（三）高级课

在街舞的高级课上，除违例动作外，学生需要学习的内容更具有表演性，动作的变化更多，节奏变化更丰富，而且加入了一些较复杂的技巧动作。可以说，这一级别的课程要求学生具备一定的身体素质水平，年龄不应过大，一般在 40 岁以下为宜。

五、有氧健身街舞的教学步骤

（一）选择音乐

音乐的选择是否合适对课程教学效果的好坏有重大影响，对街舞而言，Hip-Hop 音乐可以说是其灵魂。音乐的选择以其是否具备强烈的动感为基本标准之一，要求分类归纳节拍速度不同的音乐，并为不同阶段的教学内容搭配适合的音乐。教学分解阶段与准备阶段一般适用节拍速度较慢的音乐。成串练习阶段适用节拍速度相对较快的音乐，这类音乐具有在课程高峰阶段提升运动强度的作用，还能将学生的情绪推到高潮，取得更好的锻炼效果。最好使用 Hip-Hop 音乐配合课程的放松阶段，可选择节奏舒缓且具有抒情特点的音乐。

（二）创编动作

课前一定要将此步骤完成。在动作的创编过程中必须把握以下几个原则。

（1）动作一定要与音乐匹配。

（2）禁止将违例动作编排在套路中，以免使学生受伤。

（3）选择自己习惯的方式将所编动作加以简要记录，如做出动作图解或简要的文字说明等。

（4）将所教授的第一个八拍动作分解，以便在开始练习部分使用。

（三）课上部分

1. 热身部分

在这一部分的练习中，教师要教授分解出的单个动作并要求学生练习，使学生基本掌握动作要领。热身部分采用分解教学法，在讲解的同时，配合以镜面、背面和侧面等多种示范法。

2. 主要部分

对于这一部分的教授内容,教师需要把握以下几个教学特点。

教师可以采用"滚动式"教学法,将单个动作组成成串动作,再将各 8 拍动作自然连接成组合动作,从而过渡到成套动作。这样的教学方法,可以保证每节课都有连续练习的动作,以确保一定的运动量和运动强度,也有助于学生掌握完整的动作要领,提高练习兴趣。

教师还可以采取"情感式"教学法进行街舞教学。教师可先将自己对音乐的感悟与理解总结出来,将之与创编时的想法相结合,在教学过程中通过夸张、比喻、形体语言等方式对学生进行适当的教学指导。教师应给学生留出一定的发挥和想象空间,充分展现出街舞的风格化、个性化特色。教师可灵活运用鼓励性和引导提示类的语言,把握和调节课堂氛围。街舞课以整体教学氛围欢快热烈为成功教学的标志。教师应先投入教学中,用非常形象生动的语言帮助学生找到正确的动作感觉,一边教学一边鼓励学生将自身的个性与活力充分展现出来。例如,当教师发现个别学生放不开时,可以这样说:"请同学们看向镜子,你的动作已经很标准了,你就是最棒的,我们一起试着将动作……同学们做得真棒!"

3. 整理部分

在这一部分可以把"温度"慢慢降下来,用抒情的 Hip-Hop 做背景音乐,可以选择套路里的或自编的一些较柔的动作,结合呼吸让大家放松,充分感受街舞松弛的动作特色。

(四)课后部分

一堂课结束后,有的学生可能直接向教师提出疑问,或者教师自身在教学过程中发现教授方法和动作编排方面存在的问题,这时候,教师需要及时做记录,并加以修改完善。如果教师没有忽视这一环节的工作,那么它带来的益处是不言而喻的。

六、有氧健身街舞的特色教学方法

（一）示错法

在教学过程中，如果学生出现明显的错误动作，教师可以采用将错误动作和正确的动作对比示范的方法进行纠正，加深学生对正确动作的理解和掌握。一般来说，在下列情况下运用示错法效果较好。

（1）当学生在学习过程中出现了带有明显的健美操或其他舞蹈特色的动作时，可利用示错法将这样的动作模仿出来，以纠正错误并加深其对街舞动作特色的理解。

（2）当学生的动作力度、律动感不强时，也可酌情使用示错法加以纠正。

（3）当学生的错误动作具有伤害性时，也可酌情使用示错法指出错误，并讲明利害关系。

（4）当学生的动作路线方向、位置出现明显的错误时，使用示错法纠正，效果也是比较好的。

（二）辅助动作教学法

在中级、高级的街舞课中，有一些较复杂的动作，如果教师直接进行示范讲解，学生掌握起来十分困难。为了确保街舞课的"有氧性"这一特点，可以通过一些辅助动作练习过渡一下，使学生轻松掌握原套路动作。一般来说，在下列情况下应使用辅助动作教学法。

（1）对于节奏变化复杂、律动感难以把握的动作，可以编排踏步击掌等简单动作帮助学生掌握。

（2）对于路线、方向变化复杂的动作，可将原套路动作的路线方向简化后进行分解练习，待基本步伐掌握后，再加上方向变化，这样学生掌握起来更容易一些。

（3）对于重心变换复杂且发力方法不好掌握的动作，应选择一些与原动作相似且简单、发力单一的辅助动作先进行练习，待学生掌握该动作的技巧后，便可以顺利过渡到原套路动作的教学过程中。

第五节　瑜伽训练研究

一、瑜伽的起源与发展

瑜伽起源于印度，后于全世界流行开来。"瑜伽"一词是梵文"Yoga"的译音，其本意为"人与自然的和谐、相应、统一、结合"，它的内在含义是通过调息、静坐等修行方法使肉体和精神结合达到最和谐的状态，让身心处于稳定、平衡的状态，最早由印度北部的先知者们（森林隐士）修习。

19世纪60年代，瑜伽从印度传播到世界各地。在美国芝加哥地区举办的一次博览会中，印度圣人维夫卡南达向人们展示了多种瑜伽姿势，西方国家的人们首次认识了瑜伽这项运动并产生了浓厚兴趣。自此之后，很多印度人陆续来到西方，将瑜伽传到了西方各国。如今，瑜伽已成为一项重要的人类精神遗产，得到世界各国人民的喜爱和重视，它对人体的心理、生理、情感、精神等各个方面的发展都具有良好作用。瑜伽凭借其有效的健身功能在全世界火热传播。

二、瑜伽练习的特点

（一）集中注意力，调整呼吸

瑜伽体系中包括很多的瑜伽姿势、瑜伽洁净功法、瑜伽松弛功、超脱于心灵功、瑜伽冥想、调息法、收束法和契合法、瑜伽语音冥想等。但是瑜伽不是单纯的功法和姿势练习，而是作为一种手段，在优美、安静的环境中通过调整呼吸，把注意力集中于这项练习在其体内所产生的感觉上，达到人神合一的境界，这就是瑜伽最大的特点。

（二）抛弃杂念，净化心灵

冥想是瑜伽练习的重要组成部分。冥想就是在排除了杂念后沉思、静虑的过程。瑜伽要求练习者在宁静的心境下，抛弃世间的一切烦恼，排除杂念，放松大脑，释放压力和紧张情绪，使身心产生平衡和安宁，使心灵更易产生反思、直觉、灵感和创造意识，从而获得个体意识与宇宙意识的结合，唤醒内在沉睡的能量，得到最高开悟和最大愉悦。这就是瑜伽的另一大特点。

（三）结合自然，愉悦身心

瑜伽讲求天人合一，要求练习者融入大自然的怀抱，呼吸自然新鲜的空气，并在大自然中仔细观察动物的习性，模仿动物的典型姿态，通过瑜伽练习获取动物身上神秘的力量——自然康复能力，以使人的精神和肉体保持健康状态。因此，练习完瑜伽后，不仅身体感觉舒服，而且会有一种愉悦的感觉。

（四）安全有效，方便易行

瑜伽的一些姿势从运动学的规律看是反关节的练习，是不利于健康的违例动作，但瑜伽姿势要求动作做得缓慢、用力均匀、步骤分明，每做一个练习都是放松有控制的，是以自身能承受的角度、幅度、力度进行练习的，不超出自身的极限，没有强迫性，从而将伤害减小到最低限度。另外，瑜伽练习不需专门的器械和场地，只需保持空气流通、新鲜，周围安静即可，故非常便于练习。

三、瑜伽练习的功能

（一）缓解精神压力，保持身心平和

人们的行为、情绪等心理状态与内分泌腺体的活动有着直接的关联，而内分泌腺体分泌失调将有害人们的身心健康。瑜伽练习可通过意念和自我内心对话等方法减少忧虑和烦恼，创造一个良好的内心环境，从而帮助人们调整内分泌腺体的活动，防止内分泌系统工作紊乱，提高自信心，消除烦恼，平和内心，让身心处于稳定、平衡的状态。

（二）提高身体柔韧性，培养良好的体态

瑜伽的各种姿势使身体各关节及肌肉缓慢而充分地舒展，防止肌肉组织功能下降；使肌肉富有弹性，消除肌肉萎缩和关节僵硬现象；使肌纤维拉

长、变细，同时使身体的柔韧性得到改善，身体僵硬部分得到舒缓，虚弱部分变得强壮，从而使体态更为优美。

（三）改善消化功能，提高平衡能力

瑜伽练习能促进交感神经系统和副交感神经系统间的平衡。另外，身体的扭转及挤压姿势可以加强肠胃的蠕动，增强消化液分泌，从而增强消化与代谢的功能。瑜伽练习还有利于调节呼吸、心率、血压、体温，提高人体代谢及平衡能力，有规律地练习瑜伽，能够提高人们的灵活性、平衡性、坚韧的素质以及对疾病的抵御能力，还可消除疲劳和安定神经。

四、练习瑜伽的原则

（1）任何运动前都应做热身操，以避免运动损伤。

（2）选择轻松、优雅的音乐，并配以愉悦、平和的心情进行练习，只有这样才能达到预期的效果。

（3）每个瑜伽动作都应平缓完成，配合呼吸规律进行深呼吸，从而放松和舒展身体。

（4）练习时，要将意识专注到被伸展和被刺激的部位，不可存有杂念，不可说笑。

（5）练习时不要过分勉强，要在自己力所能及的范围内，充分伸展肢体，在有拉伸感的基础上，保证每个动作舒适地完成。

（6）每做完一个瑜伽姿势后，应马上做"无空式"来放松身心，并深呼吸 5～6 次；完成全部练习后，必须做"无空式"10～15 分钟，来松弛瑜伽动作造成的紧张感，使自己进入冥想状态。

五、练习瑜伽的注意事项

（一）场地

练习瑜伽应选择安静、清洁、舒适和通风的场地。如果是室内学习，要选择空间开阔、环境优美、通风设备良好、空气清新的环境；自己平时练习时，也可选择林间草地、水边等宁静、优美的自然环境。

（二）环境

瑜伽练习时必须保持安静，避免交谈，可播放轻松、优雅的音乐，使练习者身心专注，思想集中。

（三）练习时间

清晨，早饭之前是瑜伽锻炼的最佳时间。傍晚或其他时间也可练习，但要保证空腹或食物完全消化以后进行练习，大体上是饭后3小时，喝入流质食物或饮料可在1小时后练习，练习后1小时进食比较科学。在练习瑜伽后至少过15分钟再沐浴。不同时间要练习不同的内容，如早晨多练习"体位法"，晚上多练习"冥想法"等。争取每天都在同一个时间段练习。最好每天坚持练习或每周练习5～6次，每次至少20分钟，且要定时进行。

（四）练习服装

穿着宽松的天然面料的服装，并尽可能地简单、宽松、舒适，以便于各种肢体动作的展开。一般最好是赤脚练习，如果觉得太冷，可以穿棉质（防滑）的短袜。首饰、手表、皮带等一切身外之物最好摘除，以确保练习的安全性。

（五）休息方式

瑜伽的休息并非普通的休息，每一种休息都是一种冥想，它能放松身心、获得能量，也可锻炼意志、感受存在。一般练习中间的休息控制在10～30秒钟，以达到更好地控制体内能量和精神的目的。

（六）特殊情况

女性生理期可暂停练习或选择一些较轻松的姿势，不做犁式、肩立式和一些增加腹压的姿势；妊娠期间必须更为慎重地选择姿势，或只练习"呼吸法"。生育两个月后，必须经医生同意方可练习。大病初愈或术后不可立即做瑜伽练习。有心脏病、高血压、糖尿病的患者以及有脊柱、关节伤病的人，经医生同意后，方可有选择地进行练习。

（七）练习要求

练习瑜伽一定要精神集中，每一个动作都应做得缓慢柔和、步骤分明，不要匆匆忙忙地做；同时配合呼吸，呼吸应均匀缓慢、绵绵不断。完全的有节奏的呼吸可以教会你怎样给身体"充电"和控制情绪。如果在练某一个姿势时身上有某个地方发生剧痛的话，就立刻停下不做。但必须知道，如因身体强直不灵活等而产生一些不舒服感觉时，不应该停下不做这些姿势，而是应该把它们做得柔和些，这样有利于改善肌肉的弹性和提高韧带的柔软度。

除此之外，在练习瑜伽之前，要了解自己的体能，这是非常重要的。千万不要勉强地做一些自身体能所不及的姿势或者承受过度的运动负荷，一定要根据教练规定的时间和次数练习。因为瑜伽不是竞技体育运动，勉强去做会造成身体伤害，对自己不利。

（八）辅助设施

练习瑜伽不需要什么特殊的设施，可以买条垫子，如果有地毯，铺条大毛巾也可以。垫子要有支撑性，太软或太硬都不好。千万不能让脚下打滑。在室内练习，需要一个开阔的空间，没有家具妨碍，室内要有舒适的温度，没有外来干扰。

（九）饮食

遵循瑜伽的饮食原则，营养、健康、自然、易消化的食品能保持身体清洁、柔软，使身心平静并能提高人体的免疫能力。完美的素食主义者的食品为水果、蔬菜、谷物、奶制品、果仁和种子。开始练习时早、晚餐宜素。

六、瑜伽呼吸法

瑜伽相关理论认为，人类依赖吸取宇宙的能量而生存，而在有"生命素"之称的空气、阳光、泥土、水分和食物中，呼吸空气是最为重要的。现代医学研究证实，缓慢、受控制的深呼吸能提高体内碱性物质的含量，同时使心脏跳动和血液循环加快，供给身体更多的氧气，血液将氧气和营养素输送给全身的细胞，保持健康。同时，体内的废物和毒素通过深呼吸和汗液排出体外，减少体内酸性物质的含量，促使人体内的化学成分保持平衡。下面介绍几种基本的瑜伽呼吸法。

（一）胸式呼吸

气息的吸入，局限于胸腔区域，气息较浅，这种呼吸适宜做针对性较强的动作。做法：站着或伸直背坐着，注意力集中于肺部，缓缓吸气，感觉自己的肋骨向外扩张，气息充满胸腔，保持腹部的平坦；缓缓呼气，放松胸腔，将气呼尽。

（二）腹式呼吸

气息的吸入局限于腹部区域，气息较深，膈膜下降较为充分。做法：更多注意腹部，缓缓吸气，感觉腹部被气息充分膨胀，向前推出，胸腔保持不动；缓缓呼气，膈膜上升，腹部慢慢地向内瘪进。

（三）自然完全的呼吸（胸腹式呼吸）

自然完全的呼吸能够提供给身体最充足的氧气，使血液得以净化，并能将体内的浊气、废气更充分地排出体外。这种呼吸能够温和地按摩腹脏器官，增强其机能，增加体内循环，预防呼吸道感染，更重要的是能让心灵清澈。

做法：缓缓吸入气息，感觉到由于膈膜下降，腹部完全鼓起；随后，肋骨处向外扩张到最开的状态，肺部继续吸入氧气，胸腔完全张开，胸部上提；吸满气后，缓缓地呼出，放松胸腔，将胸部的气呼出，随后温和地收紧腹部，腹部向内瘪进去，感觉肚脐贴后背，直到将气完全呼尽为止。

七、瑜伽坐姿

（一）散坐

双腿交叉，左脚压在右腿下方，右脚压在左腿下方，挺直脊背，收紧下巴。

（二）金刚坐

双膝跪地，两小腿胫骨和两脚脚背平放在地面；两膝、两脚、两小腿靠拢，脚趾朝后；伸直背部，将臀部放在两脚内侧，在分开的双脚之间。

（三）半莲花坐

坐在地上，两腿向前伸直；弯起左小腿并让左脚脚底顶紧右大腿内侧；弯起右小腿并把右脚放在左大腿上面。

（四）莲花坐

坐在地上，两腿向前伸直，屈起右腿，将右腿放在左大腿上，脚心朝上；再屈起左腿，将左腿放在右大腿上，脚心朝上。

（五）长坐

坐在地上，双腿向前伸直并拢，背部直立，头部端正，眼睛平视，双臂自然地放于体侧或放在腿上。

提示：每种坐姿（除长坐外）都要左、右两腿交换练习；每次打坐之后，要按摩两膝、大腿、两踝和两小腿。

要点：头、颈和躯干应该保持在一条直线上，不要耸肩，做莲花坐时要努力保持两膝贴在地面上。

八、瑜伽组合练习

（1）站立（预备姿势）：双臂体侧自然下垂，并保持呼吸 3 ～ 8 次（下面每个动作练习中，都要保持 3 ～ 8 次的呼吸次数）。

（2）左腿单足站立，右脚放在左脚背上，双手体前合十。

（3）左腿单足站立，右脚放在左脚背上，双臂合十向上伸展。

（4）右腿弯曲，右脚掌贴于左腿内侧，双臂合十向上伸展。

（5）右腿膝盖打开，小腿内收向上抬起，用双手分别抓握右腿的踝部及膝部。

（6）右手经体后抓握右脚尖，左臂侧平举。

（7）双臂打开侧平举，右脚放在左腿上，左腿稍屈膝，上体前倾。

（8）右腿放下，左腿向后屈膝，大、小腿充分折叠，同时左手抓握左脚脚尖，右臂前平举。

（9）左手抓握左脚尖，使左腿充分向后伸展，身体保持平衡。

（10）还原至直立，双手体前合十，然后还原至预备姿势。

第六章　多元化教学方法在高校健美操教学中的应用

第一节　学导式教学法在高校健美操教学中的应用

一、关于学导式教学法在健美操教学中的研究

刘洁、张辉明在《学导式运动处方教学对高校健美操选修女生锻炼习惯及体质的影响》一文中，通过学导式运动处方教学在健美操选修课中的实验研究，指出学导式运动处方教学在强化学生的科学健身意识和养成良好的锻炼习惯中发挥着重要的作用，同时有利于增强学生的体质。招惠芬、林昭绒的《学导式教学模式在健美操教学中的应用研究》采用学导式教学模式，引导学生由"理"入"道"，并通过课堂体育教学引导学生课内学习与课外活动相统一，调动学生的学习自主性与创造性，探求健美操教学改革中实施体育价值、教学理念、内容选择和社会功能的转变，传递体育文化过程，引导学生自我教育与自我发展，促进学生全面发展。商林威在《"学导式"教学法在高师体育专业健美操教学中的应用》中指出，"学导式"教学法符合现代教学发展的需要，符合学生心理发展的需要，符合健美操动作技能形成的规律，有利于提高学生的健美操运动技术水平，优化了学生主体地位，从实际出发，有针对性地调动学生的积极性。

综上所述，尽管对学导式教学法在健美操课中的应用研究较少，但是在相关领域已经有了比较深入的研究，如学导式教学法在高校游泳选修课中对大学生审美能力、艺术能力影响的试验研究，"导学—学导"教学法在艺术体操教学中被持续研究运用等，这些研究为学导式教学法在健美操课中的应用提供了借鉴。因此，将学导式教学法引入普通高校健美操课程教学中，对教学思想和

教学观念的改革以及对创新型人才的培养具有理论与实践的意义，也为培养学生自我导向学习能力、终身体育意识奠定了基础。

二、学导式教学法的相关概念

一个完整的教学模式包括指导思想、教学目标、实施程序、教学策略、实现条件、教学评价等内容。而任何一个教学模式都是在一定教育思想或教学理论的指导下建立起来的，构建健美操必修课学导式教学模式也不例外。

教育学界关于教学方法的概念和定义不是很明确，这里采用王策三教授对教学方法所下的定义：教学方法是为达到教学目的、实现教学内容，运用教学手段而进行的、由教学原则指导的、一整套方式组成的师生相互作用的活动。

在学导式教学方法中，学导式的"学"指学生在教师指导下，有计划、有目的地进行独立学习的活动。"学"主要体现在实践性（动眼、动手、动脑、动口）、主动性（非讲解、提问后的被动应付）、自我性（不是"教会"，而是"会学"，自主地学习并学会自我监控）三个方面；"导"着眼于方法、思想、治学之道，要讲思想、教方法、重启发、传学法，这都是以"学情"为依据，以促"学"为目的的。学生的主体作用、教师的主导作用、教材的示范作用、师生间与学生间的互补作用较优化地结合起来，就形成了教与学的辩证关系，即"学为主体、导为主线"。

笔者认为，学导式教学法是指在教学过程中，教师对所传授的知识进行适当的引导，让学生通过观察、思考进行探索性学习，使各个层次水平的学生都能获得较好的学习效果的方法。它以学生为主体、教师为主导，以开发智能为核心，以全面发展为目标，是培养学生分析、解决问题的能力的一种行之有效的方法。

主体（subject）源于拉丁语"Subjectus"。在主体教育学理论中，"主体"被认为是从事认识活动与实践活动的具有能动性的人，即主体是认识者、实践者，与之相对应的客体是被认识和实践的对象。"主体性"一词是从德语的"Subjekitivitat"和英语的"Subjectivity"翻译过来的，中文有时译作"主观性"。主体性指人作为活动主体在同客体的相互作用中所表现出来的功能特性，是活动主体区别于一般人，特别是区别于活动客体的特殊性，它是作为消极、被动、盲目的客体性的对立面而提出的，是在同客体的对比中来揭示主体的规定性的。人的主体性并非简单地将自身所拥有的各种特性相加，更不是与生俱来的，而是通过自己的能动活动获得和创设的。人的主体性和主体地位需要持续地加以巩固和强化。

学生的主体性是指在教学活动中，作为主体的学生在教师引导下处理同外部世界关系时所表现出的功能特征，具体表现在三个方面。一是自主性，指个人在对象性活动中是自己行为的主人，能按照自己的意愿做出选择与决定，对自己的活动具有支配和控制的能力；二是能动性，也叫自觉能动性，是主体最本质的特性，指主体在对象性关系中主动、积极地认识与改造客观世界，而非消极、被动地进行认识和实践；三是创造性，是主体性的最高表现和最高层次，它以探索和求新为特征，在原有的认识、操作、成果基础上，有所改进、突破与超越。

三、学导式教学模式构建的理论依据

学导式教学法成功的原因是多方面的，最重要的一个原因就是它有着非常坚实的理论基础。其中，人本主义学习理论和建构主义学习理论是最具代表性的，除此之外还有主体教育理论和系统科学理论。

（一）人本主义学习理论

人本主义是 20 世纪 50 年代初在美国兴起的一种反对行为主义倾向的心理学流派，对西方的教育思想、教育观念、教育目的、教育内容、教育方式等产生了极其深刻的影响。它的主要代表人物有马斯洛、罗杰斯、凯利等。它承袭了欧洲文艺复兴时期的人本主义教育观，重视对人的智力、情感、意志、人格的整合，强调受教育者的主体地位和尊严，提出"以学生发展为中心"的观点，主张学生要充分发挥自己的潜力，能够愉快地、创造性地学习，追求人的个性发展。人本主义学习理论的基本主张：强调学生在教学中的主体地位；强调学生个性化的自我评价；强调认知与情感相结合的教学；强调情感化的师生关系；主张"学习者为中心"的教学观。这就要求高等学校教育不能按照一个方法进行教学活动，而应该采用适合实际情况的多元教育方法。

（二）建构主义学习理论

20世纪80年代以后，建构主义基于认知主义学习理论的影响在教育界流行起来，成为当时一种对社会影响深刻的教育思潮。建构主义的主要代表人物有科恩伯格、皮亚杰等。建构主义主张和强调以学生为中心的教学，要求学生的身份从一直以来的被动接收者转变成对知识经验的主动构建者，还要求教师摆脱以往知识传输者的身份，成为在学生主动构建意义过程中发挥重要引导和监督作用的促进者。建构主义学习理论非常关注学习者构建知识的方法和过程，要求学生以原有的信念、经验、知识和心理结构为基础完成知识的建构。建构主义认为学生具有强大的学习潜能，他们对客观知识、主观经验的认知具有个人特质，能基于其自身的丰富经验，以适合自身的特有方式和经验选择和修正现实生活，并为现实赋予独特的意义。学生主动建构认知内容的过程就是学习，学习不是从外向内简单的知识传递与灌输，认知应是主客体相互作用的过程，学生通过与他人之间的交流互动形成对客观现实的认知，实现对知识的主动建构，在此过程中，同学、家长、教师都是学生构建知识过程中的参与者和合作者。

（三）主体教育理论

主体教育理论是北京师范大学裴娣娜教授等耗时近10年的研究成果。该理论强调人的主体性是人的自然性和社会性的最本质的特性，是人之所以成为人的最重要前提。人的主体性包括三个方面，即本位主体性、价值主体性、实践主体性。教育作为培养人的社会实践活动，理应注意培养和发展人的主体性。主体教育理论强调"主动参与"。没有"主动参与"，就不能体现"主体"。主动参与的关键词是渴求、质疑、活动。自由、自觉的活动是主体发展的决定因素。

"主体性"的体现就是主动参与、合作学习、差异发展、体验成功。

（四）系统科学理论

系统科学理论包含整体原理、有序原理和反馈原理三种基本原理。整体原理指任何系统只能在相互联系的情况下才能构成整体结构，发挥整体功能；有序原理指出，系统走向有序的前提是要开放和远离平衡态；反馈原理指对系统的有效控制可以通过信息反馈实现，从而达到预期目的。在教学中，教师作为教育的知识内容、教育方针宗旨和学生之间的纽带，必须以对学生反馈信息的充分利用为基础，深入了解学生的学习情况，了解现实与预期的差距，找出教学问题，通过改进教学方法、调整教学进度、因材施教等方法，实现预期教学目标。

综上所述，主要以人本主义和建构主义为理论基础的学导式教学法，在实施的过程中，教师和学生的地位、作用与传统教学相比发生了很大的变化。

四、学导式教学法在健美操教学中应用的指导思想

学导式教学法指出，一切教学活动的开展都必须有学习者积极主动的参与。在教育教学中，教师兼具传输知识与能力培养的重要职责。在健美操课堂教学中，教师应充分发挥主导教学的作用，坚持以学生为主体，以开发学生智力为核心，以促进学生全面发展为教学目标，并在教学中充分激发学生的兴趣，引导学生积极自主地参与教育教学，使学生养成良好的体育意识，热爱体育。教师应充分结合其自身在教学中的主导作用、学生的主体作用以及教材的示范作用，促进师生间、生生间互补作用的最优化，发展学生的智力、创造力、学习能力以及分析和解决问题的能力，促进学生全面发展。

五、学导式教学法应用于高校健美操教学的教学目标

创新的学导式教学，其目标是优化学生智能结构，使求学者的智力与非智力因素等方面获得全方位发展，提升人才素质。学导式以创造能力为重点，不仅要传授专业知识，还要提高学生的思想品格。因此，教师在教学设计中应体现出明确的教学目标，使学生围绕教学目标进行学习。教学目标要根据学导式教学法的特点和健美操的项目特征制定，突出知识和技能目标，兼顾情感目标。

六、学导式教学法的实施程序

"自学—解疑—精讲—演练"是学导式创新教学过程的范式，是根据学导式教学法的特征，结合健美操的项目特点设计的健美操实践课学导式教学

程序，主要环节为学生自学—师生交流—教师精讲—学生演练—评价总结。

（一）学生自学阶段

在健美操新授课之前，教师应精心设计导语，运用导语激发学生学习动机，提出具体的要求，强调练习过程中的注意事项，并提供必要的健美操教学辅助资料，组织学生独立自觉地学习。学生通过课后查阅资料与练习，形成技术动作的初步印象。

（二）师生交流阶段

每节课进行基础练习时，教师应观察学生掌握技术的情况，及时获取学生的反馈信息，以便在精讲阶段适时调整、分清主次，把大多数人都存在的问题作为重点进行教学。

（三）教师精讲阶段

课堂解疑，此阶段教师要精讲提炼，抓住重点、难点，并讲解示范正确动作，加深学生对健美操动作要领的理解。

（四）学生演练阶段

在此阶段教师通过讲解、示范，让学生体会正确动作，然后教师巡回指导并逐个纠错，学生经过自身思考，借鉴教师的讲解示范，纠正并完善动作，形成正确的动作定型。在此基础上，学生对动作进行再创造，教师则予以适当的点拨，开发学生的创造性思维。

（五）评价总结阶段

学生进行自评、互评，教师总评，通过总结把本次课学习的知识系统化、条理化。教师有针对性地布置课外作业，提出下次课的自学要求。

七、学导式教学法在高校健美操教学中的应用策略

教学是主要的课程实施途径，在课程实施中占据核心地位。从一定角度上看，教师在选择教学策略时，只有将课程计划作为依据，才能保证课程顺利实施。教师为达到课程目标，在课堂教学过程中采取的特定教学方法就是

教学策略。在教学过程中，教师应结合学生学习需求和实际教学情境对教学策略进行随时调整，以保证达到最佳的教学效果。针对传统教学的不足，教师可以将学导式教学法作为教学的指导思想，结合健美操的教学实际与心理学的相关理论，选择以下教学策略将学导式教学法的教学效果充分发挥出来。

（一）激发学生的学习动机

学习动机对学生自主学习的效率效果具有重要影响。激发学生的学习动机可以使学生的自主学习能力得到有效提高。因此，教师应以探寻有效开发学生智能的知识传授方式为突破口，创设良好的教学情境，向学生充分传达和诠释教学内容。例如，教师在教授健美操套路时，可利用多媒体教学工具，向学生进行完整的讲解和示范，以此充分调动学生的学习兴趣与求知欲，使学生形成深刻的印象。总而言之，引导学生主动学习是发挥学生主体作用的基础，教师应以满足学生的学习需要为基础，做出有创造性、有启发性、有效的教学设计，为学生提供较大程度的教学指导。因此，教师应精心设计课堂教学的教学情境，促使学生充分发挥主体作用，提升学生的自主性学习能力。

（二）巧妙设计自主学习活动

学导式教学的核心问题是使学生"会学"，以发展其自主学习的能力。它运用于健美操教学中的本质是把已学习的科学原理、基本知识、技术转化为学生的真知，同时引导学生把所学知识转化为能力的一种特殊的教育形式。因此，在教学设计中，教师要有计划、有步骤地在课堂上为学生创造和提供实践机会，培养学生的自主学习能力。

（三）营造和谐的教学氛围

教学过程从一定角度上看就是教师与学生相互交流、相互促进、共同发展的过程。在教学过程中，教师应处理好对学生的能力培养与知识传授之间的关系，为学生创设和谐、积极的教学环境与氛围。在健美操课程教学中，连续进行局部力量练习或有一定强度的成套动作练习容易使学生产生消极情绪和疲劳感，对此，教师应做到寓教于乐。首先，教师应以饱满的情绪带动课堂节奏，营造良好的教学氛围，激发学生的学习热情，使学生在积极活跃的课堂中自主学习；其次，教师应灵活运用各种教学手段，充分调动学生的积极性和学习欲望；再次，教师应时刻关注学生的学习情况，给予学生及时、恰当、充分的关心与肯定；最后，在课堂教学中，教师应与学生保持密切的沟通交流。教师应明确和谐民主的教学氛围对教学效果的重要保障作用。

（四）体验成功，树立自信心

学导式教学法重视学生在教学过程中的体验和学习经历，尤其注重通过适当的教学方式使学生获得积极美好的情感体验。经常经历挫折和失败的学生会逐渐丧失信心，产生自卑的心理，对于这类学生，如果能使其体验到成功，就能有效增强其在学习上的自信心，用愉悦的情绪激励自己积极探索、不断创新。健美操运动类型十分丰富，教师在开展教学活动时应先充分了解学生的素质、年龄、技术、性别等方面的详细情况，选择合适的教材和教学方法，做到因材施教。在教学设计上，教师可采取先简单后烦琐、从容易到困难、从慢节奏到快节奏的顺序安排教学内容，可先指导学生学习单个动作，再练习组合动作，先进行分解练习，再尝试完整动作，使学生在学习中获得成功、愉快的学习体验，帮助学生树立自信心。

（五）指导学法，学会学习

学导式教学法的一个重要观点是教会学生"如何学"。在这个经济飞速发展、知识爆炸的时代，仅靠已有经验已不能一劳永逸地跟上时代步伐，甚至可能被时代淘汰。只有掌握了正确的学习策略与方法，才能在不断变换的局面中准确把握主体发展的方向，积极开拓新知。健美操是一项动作多变、节奏鲜明、风格迥异的难美类运动项目，对学生的专项能力要求较高，如何利用有限的课堂教学，使学生掌握行之有效的学习方法，提高学生的学习能力显得极为重要。由此看来，处理好传授知识和培养能力的关系符合学生主体性发展的要求，同时也是学导式教学过程中的一个重要因素。教师在健美操课程教学中，应注意以下两点：一是学习策略要因材而定；二是激励学生在不同的情境中运用策略。

八、学导式教学法的使用条件

无论教学模式有多宽的适用范围、多强的适应性，都要受一定条件限定。任何一种教学模式都只是在某个特定条件下才能最有效地发挥作用，离开了这些特定条件，教学效果将受到一定影响。学导式教学法以"学为主体、导为主线"，能有效地培养学生的自主学习能力，促进学生的智力发展。它适合于难度不大的教材或在提高阶段采用。在健美操教学过程中使用学导式教学法需要具备以下条件。

第一，在教学目标和任务上，要在掌握知识的同时充分发挥学生的主观能动性，培养学生分析、解决问题的能力。在教学实施过程中，教师要努力创设条件，促使学生由"学会"向"会学"转变；同时，教学评价的重心也要从"考试成绩"转移到"培养学生自主学习能力"上。

第二，教材的选用要适合学生学习。教师应根据教学目标和课程设计的要点和要求，结合学生的实际情况，给学生提供一定的教辅资料，如健美操教学视频、动作图解等。教辅资料的选用要便于学生模仿和记忆，要图文并茂，有助于激发学生的求知欲，而且要能解决学生自主学习中的问题。同时，教师在教学目标的指导下，应充分考查学生的知识水平，根据教材和教辅资料总结出自学提纲。提纲要与课堂教学密切相关，且具有一定的难度以激发学生的学习兴趣，这个"度"的把握是学导式教学的难点之一。

第三，教师要突破传统教学观的束缚，从传授教学内容和控制学生的角色，转变为帮助学生学习和提供学习资源的角色，即学习活动的组织者、学习方法的指导者、学习兴趣的激发者、学习效果的评价者。学导式教学范式的精讲阶段是在学生自主学习基础上进行的教学，是一种高水平的教学模式，对教师的要求较高。因此，教师不仅要保持和提高自身的身体素质，保证教学示范的准确性，还要不断充实自身理论水平和道德修养，从而提高课堂教学的驾驭能力，满足学生的求知欲。同时，要注意正确地估计学生的学习能力，并对学生进行仔细观察，正确引导；控制好教学的步骤，正确处理好学生自主学习与教师的促进者作用的关系。

第四，在以学生为主体的学导式教学模式中，教师是一位"导演"，学生是"主角"，缺少了学生的配合，学导式教学是无法实施的。因此，学生除了需要具备一定的自学能力、自我反思能力和自我控制能力外，还要改变传统教育中"唯师是从"的学习习惯，要积极思考、勤于锻炼，记录学习过程中的问题并将信息及时反馈给教师；在学习过程中要有明确的学习目的和态度，自觉、积极地学习健美操知识、技术、技能，主动向教师请教，多与同学交流，并学会反思总结，从而培养自己分析、解决问题的能力。

第五，场地、装备是上好健美操课的保证。"工欲善其事，必先利其器。"健美操教学目的、任务的实现和教学内容的实施，必然要求具备最基本的物资设备条件。同时，为了更好地学习健美操技术，学生也应做好自身的物质准备。

综上所述，要想切实实施健美操必修课的学导式教学模式，不是一件容易之事。它需要教学目标、教学内容、教师、学生等的有机配合，甚至对场地、器材的选择也很重要。因此，教师要不断提高自己的业务水平，灵活地运用教学方法与教学手段。与此同时，学生也要充分发挥自己的主观能动性，提高自主学习能力。可见，学导式教学法在健美操教学中的应用，需要教师、学生、教材的协调配合。

九、学导式教学法应用于高校健美操教学的教学评价

教学评价是对教学工作质量所做的测量、分析和评定。它以促进学生发展和达到教育、教学目标为中心，不仅要重视学生学业成绩与智能结构的评价，同时还要注重教师教学质量和教学过程的评价，评价过程除了由评价者做出评价外，还应注意自我评价。

第一，学导式教学的评价要采用"教"与"学"双向检查的评价方式。在教学过程中应及时检查学生学习情况，综合评价教师的教学过程。教师通过学生的信息反馈，及时调整和改进教学活动；学生则通过教师的指导、点拨，强化知识技能，不断总结提高，对健美操动作进行再创造。

第二，学导式考试与评价要促进人的发展。健美操教学评价的目的是促进全体学生更好地学习与发展，实现教学最优化。要及时诊断教学过程中存在的问题，激发学生的学习兴趣，调动学生学习的主动性。

第三，学导式教学法的评价内容包括两个方面，一是学生掌握的知识、技术方面，二是学生课堂学习中表现出来的态度、兴趣、动机、情感方面。

第二节　微格教学法在高校健美操教学中的应用

一、微格教学的概念

　　微格教学，于 1963 年产生于美国斯坦福大学，最初的主要任务是在师范生实习前先进行教学技能的训练，后来成为使师范生和在职教师掌握课堂教学技能的一种培训方法。它又被译为"微型教学""小型教学""微观教学""录像反馈教学"等，目前国内用得较多的概念是"微格教学"。由于各国在师范教育中对微格教学的目的、任务提出了不尽相同的看法，所以"微格教学"这一术语还没有一个严格、统一的定义，但是不同学者对微格教学内涵的把握是一致的，只是在具体表述上略有不同。具体而言，微格教学是建立在教育学、心理学、传播学、视听技术基础之上，从微观的角度将复杂的课堂教学分解、细化为单一的、可操作的若干教学技能，并借助现代化教学技术手段，以提高师范生和在职教师基本教学技能的一种有效的系统训练方法。通常的做法是把参加训练的师范生分成若干小组，每组约 6 ～ 10 人，在导师的指导下，每位受训者针对某种教学技能进行 10 分钟左右的片段教学，并将教学实况摄录下来；然后导师组织本小组成员一起反复观看录像，同时进行讨论和评议，肯定成功之处，指出不足点，寻求改进举措；最后由导师对训练情况进行小结。这样，让所有小组成员轮流进行多次微格教学，使之教学能力有所提高，从而提高小组成员的教学素质。

二、健美操课中微格教学的教学程序

　　在健美操课程中，传统教学运用较多的是示范法、带领法，是以教师讲解示范、领做，学生跟做，教师纠正，学生巩固练习为主的常规教学。经过对微格教学理论的深入研究，现将其部分理论应用于高校健美操教学中。两种教学法在高校健美操教学中的运用流程如下。

　　传统教学：教师讲解示范→教师领做→学生跟做→教师纠正错误→学生继续练习。

微格教学：理论学习→组织教学、摄像→观看教学录像→反馈、评价→矫正提高。

经了解，目前各高校健美操教学中常用的教学方法有讲解法、示范法、提示法、带领法、完整与分解法、重复法等，教师在教及学生在学习上大部分采用示范法、带领法。

微格教学流程具体内容如下。

第一，理论学习和研究。在健美操课实施微格教学前，教师指导学生学习健美操的基本理论、教学基本步伐与手臂的动作种类与应用、健美操创编等内容，明确健美操课中的任务，并了解微格教学实施过程、电教设备的使用方法等有关知识。

第二，组织教学、摄像。

第三，观看教学录像。

第四，反馈和评价。①重放录像：重放教学实况录像，使学生及时地获得反馈信息。教师和学生共同观看，进一步观察各小组学生达到学习目标的程度。②自我分析：观看录像后，各组学生进行自我分析，确定是否掌握了所学习的教学技能，总结有待改进的地方。

第五，矫正提高。学生通过观看录像，根据自我分析，实施反馈矫正，以利于动作技能的提高。

三、健美操课中微格教学的特点

（一）教学目标明确，学习重点突出，学生易于控制

根据大学生身心发展特点及现有学习健美操的能力，在学习过程中进行自我分析：教师在教学过程中目标明确，学生在学习中重点突出、易于控制。

（二）教学过程通过声像设备及时反馈

微格教学过程与现代声像设备是分不开的，利用声像设备把每一位学生的练习过程如实客观地记录下来，为每位学生提供直观的现场学习资料。学生能在第一时间看到自己的动作，获得反馈信息，及时纠正错误动作。

四、微格教学法应用于高校健美操教学的对策

（一）合理地学习健美操理论知识

想要切实提高高校健美操的教学质量，首先必须明确高校的健美操所包括的内容除了各种各样的动作外，还包括一定的健美操理论知识，而每一项健美操理论知识都对后期的学习效果产生直接的影响，因而学生在学习健美操的时候，通过合理的微格教学，可以切实了解完善的健美操音乐，并在音乐的基础上确定整体的健美操基调，科学地掌握每一个健美操动作。在这些内容当中，首先，要对相关的音乐内容进行实际学习，正确认识不同风格的健美操会有相应的音乐。而健美操音乐本身对健美操风格有着不同的影响，因而只有在确定健美操背景音乐的前提下，才能够形成健美操的动作类型。其次，在健美操微格教学中，学生能够切实地了解到相关的健美操理论知识。近些年的健美操教学过于注重动作方面的教学，严重忽视了理论方面的教学，导致最终的教学效果并不是很好。而采用微格教学可以着重强化这方面的内容，使得学生的健美操学习更加全面，动作细节上不容易出现问题。最后，微格教学是一种视频观察教学，在这一教学形式下，学生的主体性受到了充分的尊重，并且给予了教师相当多的空暇时间，可以用来对学生进行科学的指导，使得学生在了解完善有效的健美操理论知识的前提下，进行深层次的健美操训练。

（二）对健美操进行表演上的细节示范

在健美操教学过程中，很容易看出，一些学生虽然学习健美操的兴趣相当高，并且也渴望在教师的引导下合理地学习健美操。但是在实际表现上，却总容易存在一些细节上的问题，而学生自身是无法察觉出来的。这样的问题在很多学生眼里都属于不甚严重的问题，是不需要进行实时了解和认识的，但是事实并非如此。健美操的细节关乎着整体的表演质量，而且一旦一些细节上存在严重偏差，不及时纠正的话，很容易在后期的发展过程中愈演愈烈，使得健美操严重失误，影响整体的质量。为此，新时期的健美操教学，教师应当对健美操的表演细节加以全方位的关注，并正确认识学生在表演过程中存在的不足之处。在运用微格教学的过程中，教师可以将健美操的

动作分别录制成不同的视频，并对这些动作的细节进行深层次讲解，使得学生能够深入掌握这些内容，对于自身难以做好的动作进行集中观察和强化。同时，教师还可以对学生的健美操表演进行录制，并在录制之后，将这些视频实时地展示给学生，当学生看到自己的动作存在严重的细节问题或者与别的同学有着较大的差异时，就会十分自觉地认识到自己的错误，并积极尝试进行相应的改善。但是改善细节这一过程并不容易，不仅需要教师耐心地指导，而且需要学生对整个健美操动作进行完全的观察，准确了解其中不同内容的真实状况。如果学生在进行自我纠正的过程中，由于自身的能力有限，做不到完全的健美操纠正，则可以向其他同学学习，通过与其他同学的沟通交流，发现自身存在的问题及改善的方向。由于健美操的教学技巧往往不是那么简单，存在着相当多的复杂之处，因此在实际的学习过程中，还需要教师加以切实的指导，只有这样才能使学生的专业水平得到全面提升。

总而言之，高校的健美操教学，在时代的发展当中，已然得到了全方位的完善和拓展，而在拓展过程中，健美操内容也得到了重视。为了确保健美操教学质量得到切实提升，教师应当把微格教学合理地应用到健美操教学当中，并加以实时的优化和完善，使其能够与实际的健美操教学合理地融合到一起，不容易产生较多的问题。对于微格教学的发展，也需要进行多方面的创新，使得其中的每项内容都对实际的学生学习有着较大的推动作用。

第三节　快乐体育教学模式在高校健美操教学中的应用

一、快乐体育教学模式的概念界定

（一）快乐体育

"快乐体育"一词最早出现在 1979 年日本第 24 届"全国体育学习研究协议会"上。1945 年后的日本经济重新振兴，社会发展要求学校体育突破僵化陈旧模式，为社会培养出摆脱心理阴影、积极进取、乐观向上的一代新人。快乐体育从情感教学入手，对学生进行身体教育和人格教育，迎合了当时经济社会发展的需要，是真正能实现战后新教育目标的体育模式。20 世纪 80 年代中期，我国实行改革开放政策，随后学校体育教学不断吸收外国先进经验，我国体育工作者开始认识到寓教于乐的重要性，经过多年的理论与实践探索，快乐体育思想在我国得到不断应用与发展。

快乐体育指的是运动过程中心理的愉悦感或成功感，可以让学生在体育运动中体验参与、理解、掌握以及创新运动的快乐，让学生在很好地掌握运动技能和进行身体锻炼的同时，体验到运动的乐趣，并通过对运动乐趣的体验逐步形成终身参加体育实践的志向和习惯。快乐体育要求课堂程序遵循学生运动情感变化规律来设计。

（二）快乐体育教学模式

快乐体育是一种体育教学指导思想，旨在使学生在学校体育教学中产生愉悦感或成功感，让学生在体育运动中体验参与、理解、掌握以及创新运动的快乐。教学模式是在一定教学理论指导下开展教学活动的稳定结构形式，包括理论基础、教学目标、教学程序、教学方法、教学评价五个因素。教学方法是为了达到教学目标、完成教学任务的师生双边活动。教学模式与教学方法既有区别又相互联系，教学方法是构成教学模式的一部分。

结合快乐体育、教学模式、教学方法的定义，快乐体育教学模式是指在快乐体育指导思想下，以获得运动愉悦感，激发学习兴趣、学习主动性为目标，在教学中关注学生的情感变化，满足学生的个性需求，注重学生学习习惯养成的教学模式。该模式注重教法与学法以激发学生兴趣，并且使之维持、巩固和发展，从而使学生产生锻炼的主动性和持久性。

二、高校健美操快乐体育教学模式

健美操快乐体育教学模式是高校健美操课程中的一种新型教学模式。根据快乐体育思想的指导，结合素质教育与终身体育的要求，突出教学中学生的主体地位，遵循运动中学生的情感变化规律，满足学生的个性需求，提高学生的学习兴趣。在教学中不仅要注重教会学生健美操的锻炼方法，还要注重提高学生的学习兴趣，进而使学生形成运动习惯，为学生终身体育打下良好的基础。快乐体育教学模式以激发学生学习兴趣、学习主动性，培养学生运动习惯为目标，这与传统教学模式的以技能掌握为目标有很大的区别。快乐体育教学模式重视的不仅是健美操技能的学习，更重要的是学习过程。教学内容不再以学习完整的某一套动作为主，而是在满足高校学生审美要求、体现时代特征的基础上，以简易且多元化的健美操动作为主要内容。教学方法不再是单一的讲解示范法、练习法，而是注重教授学生自主学练的方式方法，改变一味灌输式的教学方式，让学生变被动学习为主动参与。

综上所述，健美操快乐体育教学模式的内涵为，在素质教育和终身体育背景下，以简易且多元化的健美操动作为主要内容，在遵循学生运动情感变化规律的基础上，教师采用适当的教学方法，激发学生的学习兴趣，培养其终身体育思想的一种教学形式。

三、快乐体育教学模式与传统教学模式的差异

快乐体育教学模式与传统教学模式的差异主要表现在教学目的、教学内容、教学过程方法、追求的效果四个方面。一是教学目的不同，传统教学模式注重最终结果，快乐体育教学模式注重过程；二是教学内容不同，传统教学模式单一陈旧，快乐体育教学模式简易多元；三是教学过程方法不同，传统教学模式为讲解—示范—练习—纠错，快乐体育教学模式采取目标管理学习过程；四是追求的效果不同，传统教学模式追求外显特征，快乐体育教学模式强调肌肉活动带来的心理反应。见表6-1所示。

表6-1　快乐体育教学模式与传统教学模式的差异

项目	教学目的	教学内容	教学方法	追求的效果
传统教学模式	使学生能够完整且准确地掌握某套技术动作，注重最终结果	以一套或几套固定的操化动作为教学内容，教学内容相对单一	主要采用"讲解—示范—练习—纠错"的教学程序，讲解示范、分组练习的教学方法	追求动作的完整性与准确性，注重外显的特征

续　表

项目	教学目的	教学内容	教学方法	追求的效果
快乐体育教学模式	提高学生对健美操的学习兴趣，培养其终身体育意识，注重过程	在满足高校学生审美要、体现时代特征的基础上选择教学内容，以简易且多元化的健美操动作为主要内容	采用能够激发学生学习兴趣的方法，什么时候采取什么样的方法，都遵循学生心理，以培养终身体育意识为主要目的	通过外在的肢体活动影响内在心理的愉悦，身体活动一切为身心健康服务，它并不过分强调动作的精确性，只强调身体活动的效果，强调肌肉活动所带给练习者心理上的反应

四、高校健美操课快乐体育教学模式构建的原则

（一）以快乐体育思想为中心

快乐体育教学模式是在快乐体育思想下形成的教学模式。快乐体育思想贯穿教学活动的全过程，在教学过程中要时刻以快乐体育思想为中心，让学生能在进行身体锻炼和掌握运动技能的同时，体验运动乐趣，并通过运动乐趣的体验逐渐形成终身参加体育运动的志向和习惯。

（二）以体验乐趣的教学过程结构为基础

由于运动乐趣的来源较为广泛，因此，学生体验乐趣的教学途径也比较多样。体验乐趣的教学过程结构应具有几个体验运动乐趣的环节，这些环节应互相连接、层层递进，使学生能体验到学习、交流、挑战和创造等多种乐趣。

（三）以灵活多变的教学方法为导向

健美操课程学习是一个综合学习过程，学生不仅要学习理论知识，还要学习运动技能。健美操运动技能的评价指标又包括难度、艺术性、完成度几方面，这就要求教学方法要涉及身体素质、表现力、团队合作等多个方面。

因此，要以灵活多变的教学方法为导向。该教学模式多采用游戏法、挑战练习法、比赛练习法、小群体学习法等教学方法。

五、高校健美操课快乐体育教学模式构建的理论基础

（一）目标管理理论

根据目标管理理论，本着以目标为导向、以人为中心的原则，在健美操课的准备部分，设置目标一，在健美操课的基本部分设置目标二至目标五，在健美操课的结束部分设置目标六，在教学过程结构的设计上遵循运动情感变化规律。为了使学生体验到学习、挑战、提升和创造等多种乐趣，教学过程结构采用特殊的目标管理学习过程，让几个体验运动乐趣的环节互相连接，并且层层递进，使学生在运动中体验到的乐趣逐渐增大，也使学生通过努力达到更高层次的目标，获得成功的喜悦。

（二）巴班斯基的教学方法分类

在巴班斯基的教学方法分类中，第一类为激发学习和形成学习动机的方法，第二类为组织和自我组织学习认识活动的方法，第三类为检查和自我检查教学效果的方法。在快乐体育理论指导下，为充分挖掘健美操课堂的快乐元素，这里提出8种快乐体育教学方法。第一类，激发学习和形成学习动机的方法，包括以体育游戏为主、以音乐为主、以舞蹈为主的快乐体育教学方法；第二类，组织和自我组织学习认识活动的方法，包括以合作学习为主、以培养能力为主、以创造学习为主的快乐体育教学方法；第三类，检查和自我检查教学效果的方法，包括以自我指导为主、以自主探究为主的快乐体育教学方法。如图6-1所示。

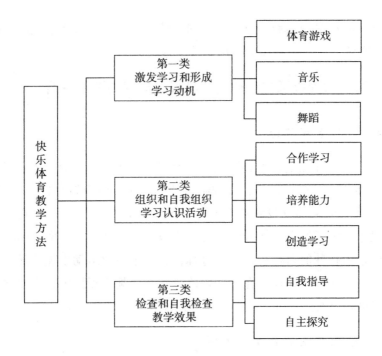

图 6-1　快乐体育教学方法设计

六、高校健美操课快乐体育教学模式的设计

（一）教学过程结构设计

教学过程结构应该遵循运动情感变化规律来设计。为了使学生能体验到学习、挑战、提升和创造等多种乐趣，教学过程结构依据目标、管理理论，采用特殊的目标管理学习过程，让几个体验运动乐趣的环节互相连接，并且层层递进，也让学生最终体验到成功的喜悦。如图 6-2 所示。

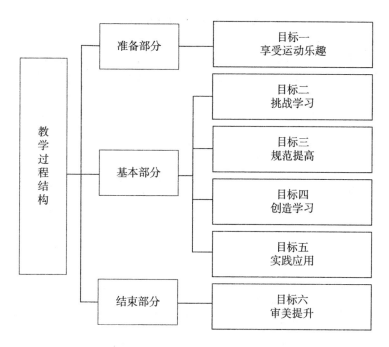

图 6-2 教学过程结构设计

根据目标管理理论,本着以目标为导向、以人为中心的原则,在健美操课的准备部分,设置目标一,目的是让学生享受运动乐趣,要求内容趣味性强并且能够达到热身目的。在健美操课的基本部分设置四个目标,即目标二、目标三、目标四、目标五,目标二的目的是让学生进行挑战学习,要求逐渐提高难度和要求;目标三的目的是在教师指导和要求下,学生规范地进行动作练习或技能学习,要求教师进行个别指导及对共同易犯错误集体纠正;目标四的目的是让学生进行创造改进学习,要求学生自我创设动作和学习方法,并改进不合理的学习方法和动作技能;目标五的目的是通过小组间的竞赛,把所学习的动作技能或技术进行演示、强化,要求全员参与,增强集体荣誉感和团队凝聚力。在健美操课的结束部分设置目标六,目的是让学生课下通过多种渠道欣赏高水平比赛,提高欣赏美、创造美的能力,要求教师提供多种优质资源。教学过程结构内容具体见表 6-2 所示。

表6-2 教学过程结构内容

项目	目标一 享受运动乐趣	目标二 挑战学习	目标三 规范提高	目标四 创造学习	目标五 实践应用	目标六 审美提升
目的	让学生享受运动乐趣	让学生进行挑战学习	在教师指导和要求下,学生规范地进行动作练习或技能学习	让学生进行创造,改进学习	通过小组间的竞赛,把所学习的动作技能或技术进行演示、强化	让学生课下通过多种渠道欣赏高水平比赛,提高欣赏美、创造美的能力
要求	内容趣味性强并且能够达到热身目的	逐渐提高难度和要求	教师进行个别指导及对共同易犯错误集体纠正	学生自我创设动作与学习方法并改进不合理的学习方法和动作技能	全员参与,增强集体荣誉感和团队凝聚力	教师提供多种优质资源

该教学过程的设计是为了使学生在运动中的乐趣增大。在实际教学过程中,由于课堂时间的限制及学生健美操技术水平的限制,学期开始的前几节课应着重实现目标一,让学生对健美操基本技术有所认知并且能够初步体验运动乐趣,使学生热衷于这种快乐的学习。这样做的结果会使学生能力得到提高,学生运动欲求水平也随之提高,在此能力基础上通过挑战学习、自我创新加大这项运动的乐趣,使学生通过努力达到更高层次的目标。

(二)教学方法设计

根据巴班斯基的教学方法分类。设计8种教学方法,具体如下:

1.以体育游戏为主的快乐体育教学方法

在健美操课的开始部分,热身活动可以运用具有娱乐性且具严格规则性的体育游戏,如柔韧类游戏、灵敏类游戏、弹跳类游戏等活动方式,将体育游戏直接与提高练习者某种健美操素质挂钩,这样的课堂引入不仅能使练习者快速热身进入学习状态，还能引起练习者对新知识、新内容的热烈探求欲望。这类教学方法将与增强学生体质相关的身体素质因素贯穿游戏活动之中，寓教于乐，使学生置身于欢快的体育游戏之中，在游戏中达到增强体质、发展健美操素质的目的。

2. 以音乐为主的快乐体育教学方法

健美操音乐可以说是一种特殊的"艺术激素"，它可以使教学气氛活跃，让练习者感到虽累但不厌倦、紧张而又松弛、流汗却轻松愉悦。健美操音乐如同指挥棒一般，指挥着练习者的动作节奏和力度，使练习者不由自主地融入节奏之中。在强弱交替的拍子中，练习者一直处于兴奋愉悦的运动中，动作的协调性得到提高。健美操音乐还具有激发情感的功能，欢快的音乐有助于练习者将感情寓于动作，提高动作的表现力，陶冶高雅的情操。将优美欢快、充满激情、富有节奏感的音乐贯穿于整堂健美操课之中，可以让学生在欢乐和充满激情的热烈气氛中展开学习活动。

3. 以舞蹈为主的快乐体育教学方法

健美操与舞蹈都具有形体美的共性，在动作和造型上也有很多相似之处。在健美操教学过程中，教师不妨从舞蹈艺术中吸取富有表现力的动作来充实其教学内容，将增强学生健美操艺术性、表现力的舞蹈融入教学，将舞蹈的练习方法有针对性地引入课堂教学，如男同学普遍喜爱的街舞健美操，女同学普遍喜爱的拉丁健美操等。这样，在提高学生的艺术鉴赏力与审美意识、陶冶学生情操的同时能增强学生健美操的艺术表现力。

4. 以合作学习为主的快乐体育教学方法

团队合作本就是体育活动的重要特性之一，合作学习能发挥小组群体的主体功能，提高学生学习的积极性，进一步提高学生的学习能力。此外，合作学习还能发挥小组群体的互动功能，让优等生的技能得以施展，中等生得以锻炼，学困生得到帮助，达到相互促进、共同提高的目的。同时，合作学习还能培养学生参与、竞争、合作、交流的能力，促进学生良好心理品质的形成和人际交往能力的提高，达到提高学生社会适应能力的目的。

5. 以培养能力为主的快乐体育教学方法

健美操教学中，教师应教授健美操基础知识，包括基础理论、基本步伐、创编知识等，突出学生的主体地位，确保学生掌握健美操的锻炼方法、基本理论，之后，教师应留给学生充分的时间与空间发展自身能力。在教学中，学生要主动探究，教师起到点拨与指导的作用。此外，在选择教学方法、教学内容上，在课堂时间分配上，都可以采用师生共同参与的方式制定学习方案。课后安排学生开展自我评价、互相评价，注重学生动脑与动手能力的培养，激发学生学习的主动性和自觉性。

6. 以创造学习为主的快乐体育教学方法

在健美操教学过程中，教师要有意识地引导学生运用所学知识积极思考，注重培养学生的创新意识和创编能力，使学生不仅是健美操的练习者也是健美操的编排者。角色的转换有利于学生对健美操有更深入的理解。教师要注意帮助学生将编排理论知识运用于实际，通过实际演练与体会，学生能充分发挥自己的想象力和创造力。这种教学方法贯彻了目标管理教学方式的思想。学生创造性地学习并完成一个学习目标之后，接着进入下一个目标的学习。一个目标接一个目标，学生始终沉浸在一种成功的喜悦之中，从而使其自我效能和自我实现感都得到极大的满足。

7. 以自我指导为主的快乐体育教学方法

其一，让学生充当教师或组长的角色，在集体教学活动中发挥他们的作用，提高学生教的能力，培养部分学生的责任感和自律能力。角色的转变易使课堂气氛活跃并有效地发挥学生的主观能动性。其二，培养每个学生的自我锻炼意识，启发学生在日常生活中进行锻炼，鼓励学生在课外固定时间进行锻炼，无形之中养成运动习惯。

8. 以自主探究为主的快乐体育教学方法

学生通过充分借助现代化视听技术，利用网络、电视、手机等，将优秀运动员的规范技术再度重现，观看标准技术动作，快速领悟动作要领。将自身技术动作进行录像，并对动作进行分析、评价，使学生看到自身动作技术的不足之处，针对需要改进的动作提出改进方案，纠正错误动作，对正确技术动作强化巩固。通过看视频录像，学生能直观地了解动作特点；通过分析评价，学生能快速地改正错误动作。两者互补，可以培养学生的自主探究能力，提高学生的学习效果和教师的教学质量。

科学合理地选择和运用教学方法以达到快乐教学的目的，要求教师能够在快乐体育理论指导下，充分挖掘健美操课堂的快乐元素，熟练地把握各种教学方法的特性，并且能够充分考虑学生实际条件、教师自身素质、教学环境条件等要素，合理地选择适宜的教学方法并能进行优化组合。

（三）教学评价设计

快乐体育教学指导思想决定了教学评价要十分注重情感原则、激励性原则、多元化原则，对学生所取得的成绩以及所反映出的情感、态度、策略等方面的发展做出评价。与以往重视教学结果的终结性评价有所不同，该教学评价对学生学习过程评价较为重视，成绩检测部分所占总成绩的分值比例较小。在快乐体育教学思想指导下，课堂教学应十分重视学生的情感体验，注重教学过程，而并非教学结果。注重评价的激励功能，使学生不断体验获得快乐、成功、进步的喜悦。教师和学生共同参与评价，这样不但能够增进师生之间的交流，而且可以帮助学生更好地审视自己的学习过程，从而达到评价促进教学的良好教学效果。学生综合评价表见表6-3所示。

表6-3　快乐体育教学模式学生综合评价表

评价内容总评	具体内容	评价标准	评价等级
情谊表现（30%）	合作意识（15%）自信心（15%）	是否相互帮助，是否乐于参与小组活动，是否愿意展示自我	优秀、良好、及格、不及格强、较强、一般、不强
运动技能（40%）	身体素质（20%）专项技能（20%）	参照健美操专项考核标准	优秀、良好、及格、不及格
学习态度（15%）	课堂表现（10%）出勤率（5%）	是否虚心好学	优秀、良好、及格、不及格
进步幅度（15%）	进步幅度（15%）	较自身进步幅度，较其他学生进步幅度	大、较大、一般、无

评价主要通过三个渠道来完成，即学生自评、学生互评、教师评价。对学生学习习惯和学习态度的评价通过设计表格档案（见表6-4），每周进行一次评价。它包括是否穿着运动服、运动鞋；上课有无迟到早退；上课是否认真听讲，注意观察、模仿；上课是否互相帮助，积极学习；是否能有节奏、顺利地完成所学的动作，并且手型和步伐基本正确；是否能创编改进技术动作，基本符合创编原则；是否乐于帮助其他同学，是否能够发现其他同学的错误并及时纠正，能否虚心接受同伴的评价；是否能够不懂就问，虚心好学……学生先在自评栏打分，写下简单的评语，自查存在的不足；然后由组长或班干部评价，说明同学做得好的地方，指出需要改进的地方；最后是教师的点评。在评价学习习惯和态度时，注重对学生课堂听教师讲课的习惯、课堂上听同学发言的习惯、课堂上积极思维的习惯、课后复习巩固的习惯、课后练习的习惯等的评价。在同学和教师的督促下，学生良好的习惯逐步形成。此外，评价尽量做到民主，让师生共同参与，促进师生关系的和谐发展。

表6-4　快乐体育教学模式学生自评表

要素	关键表现及评价等级标准说明			
	优秀	良好	合格	不合格
学习态度与兴趣	1. 互相帮助、积极学习 2. 有强烈求知欲和好奇心	1. 能够按要求完成技术动作 2. 不懂就问、虚心好学	1. 穿运动鞋 2. 无迟到早退现象 3. 学习主动性不强，热情不高	1. 有迟到、旷课现象 2. 学习态度不端正，无心向学
学习习惯与方法	1. 善于帮助同学纠正错误动作 2. 勇于展现自我 3. 课下能够自主学习	能发现自身缺点并有意克服学习中的困难	基本上能够完成学习任务，但不善于发现问题、解决问题	1. 经常不能完成学习任务 2. 学习自觉性差，方法不当
自评栏				

七、应用快乐体育教学模式开展高校健美操教学的注意事项

（一）继承健美操传统教学模式的长处

高校健美操教学模式的应用不能盲从，应该根据学生、教师、设施等具体情况有针对性地做出调整。随着我国素质教育的普及和深入，健美操传统教学模式呈现出诸多问题，对健美操传统教学模式的改革势在必行。但是，这并不意味着传统教学模式一无是处、毫无意义，健美操传统教学模式是其他健美操教学模式的基础。实践证明，传统教学模式能够使学生快速掌握运动技术，在课堂教学的组织、管理与控制方面有独特的优势，可以为新的教学模式提供参考。因此，在对待健美操传统教学模式时不可全盘否定，应保留积极、有益、符合现代教学要求的部分，摒弃消极、过时、僵化的部分，充分发挥传统教学模式的基础性作用。

（二）发挥快乐体育教学模式的重要作用

快乐体育教学模式适用于我国高校健美操课程，在提升学生的快乐体验、培养学生运动兴趣及运动主动性方面有重要作用。因此，高校健美操课程在选择和应用教学模式时，应充分重视快乐体育教学模式在学生运动心理方面的促进作用。快乐体育教学模式强调从情感教学入手，注重运动过程中学生心理的愉悦感和成功感，这些正是治疗现阶段我国高校健美操课堂单调乏味的一副良方。快乐体育教学模式能够寓教于乐、寓教于心、寓教于行，从学生这一主体内在心理出发，让学生学得懂、学得会、学得乐，从而提升学生在健美操课程学习过程中的快乐体验，培养学生学习兴趣和主动参与健美操的习惯，提升学生的健美操综合能力。

（三）健美操课程要使学生身心均衡发展

任何一种教学模式都不可能解决体育教学过程中遇到的所有问题。科学、合理地选择和运用教学模式需要具体问题具体分析，根据教师自身素质、学生特点、教学环境等因素，以增强学生身体健康和心理健康为目的，在体育教学实践中不断摸索适合学生的教学模式。快乐体育教学模式在促进学生心理发展方面有良好的作用，在学生身体健康方面与传统教学模式

教学效果的差别不大，因而健美操课程要使学生身心均衡发展，在应用快乐体育教学模式时，不仅要注重学生的快乐体验还要关注学生的身体练习是否达到标准。

第四节　微课程在高校健美操教学中的应用

一、微课程概述

（一）微课程的概念

基于对微课程属性的认识，微课程教学法认为，微课程是云计算、移动互联环境下，有关单位课时教学活动的目标、任务、方法、资源、作业、互动、评价与反思等要素优化组合为一体的教学系统。云计算、移动互联是微课程赖以产生的时代背景和技术基础，有着支持"泛在学习"、信息化学习管理和大数据应用创新的良好应用前景。微课程应该尽可能纳入云教育范畴。当然，微课程并不排斥纸媒支持的翻转课堂学习，需要指出的是，微课程的产生是与翻转课堂问世紧密相关的。从长远来看，微课程应当主动纳入由云计算、移动互联支持的云教育范畴。

"单位课时教学活动"明确了微课程教学法关于微课程的研究对象。把单位课时教学活动的目标、任务、方法、资源、作业、互动、评价与反思等要素纳入微课程范畴，是因为微课程首先表现为课程。课程属性中提及的四大范畴——课程开发、课程设计、课程实施、课程评价，将在微课程要素优化组合的微系统中得以实现。

（二）微课程的研究对象

微课程教学法认为，微课程的研究对象以单位课时教学活动为宜。因为单位课时教学活动是构成课程活动的最基本单元，通过基本单元教学活动的变革，学生在家认真学习，在课堂上参加生生互动、师生互动，协作探究，获得能力提升，是非常有意义的。

在单位课时教学活动框架内，高校健美操的学习内容一般为多个知识点，实际上，只要教学视频时长不超过视觉驻留规定允许的限度，就可以包含一个或数个相互联系的知识点。譬如，时长 5 ～ 10 分钟之内的教学视频，即使涵盖若干知识点，也不会给可视化学习带来任何不利的影响。

用联系的观点来看，一个微视频涵盖数个相互联系的知识点，不仅有利于学生梳理知识结构，形成新的认知结构，而且有利于引发学生对相互联系的事物的深层思考，为他们今后在事物相互联系的复杂世界中实现创新奠定基础。

自然科学与社会科学发展的一般规律告诉我们，发现事物之间的关联，正是创新思维产生的必要条件。从可汗学院开发学习平台的事实中不难看出，如果萨尔曼·可汗不把学生作业内容、完成作业的时间和不同颜色这三个因素联系起来考察，就根本无法发现原本不相关的创新点，也根本不可能成功开发反映不同学生不同学习情况的管理平台，教师也就无法在第一时间发现学有困惑的学生，并立即介入给予一对一的有针对性的指导了。

南京大学李曙华教授曾经在山东淄博"稷下学盟"民间研讨会上作了题为"系统生成方法论对教育变革的启示"的发言，她借用中国古典宇宙观说明创新往往发生在混沌的边缘。所谓创新发生在混沌的边缘，就是指创新往往发生在事物发生联系的重合部分或重合点。这些重合部分或重合点，不仅存在着混沌，也存在着结构和秩序。复杂性系统具有将秩序和混沌融入某种特殊的平衡的能力。混沌的边缘就是生命有足够的稳定性来支撑自己的存在，又有足够的创造性使自己名副其实为生命；混沌的边缘是新思想和发明性基因始终一点一点地蚕食着现状的边缘。

教育系统是生命性的复杂系统。要培养创新人才，就应该在教育过程中渗透科学世界观，使学生善于从知识点与知识点之间的联系中发现新问题，形成新认知。学生时代擅长在知识点与知识点之间的联系中学习与发现的人，长大后才有可能擅长在事物的联系与差异的比较中发现创新点。把知识点联系起来考察，有利于培养学生的创新思维，这与建设创新型国家的战略决策相一致。

综上所述，微课程的研究对象并不拘泥于知识点，而是立足于单位课时教学活动。我们不赞成在微课程实践刚刚开始的时候，就给一个微视频只有一个知识点的限制。因为，这只能强化传统的资源建设观，强化以死揪知识点为标志的、扼杀创新潜能发展的传统教学法。

(三)微课程的特点

微课程的特点可以用"短、小、精、悍"来概括，即教学时间短、教学内容少、资源容量小等。具体来说，微课程具有以下特点。

1. 教学主题突出，内容明确

传统的课堂教学需要解决多个问题，完成复杂的教学内容和教学目标。相对于传统课堂教学，微课程主要是为了解决某个学科的某个知识点，如重点、难点、考点和易错点等，一节课就学习一个内容，解决一个问题，教学目标单一，教学主题突出，教学内容更明确。

2. 短小精悍，灵活方便

微课程要求在 5 ～ 10 分钟以内，录制 50M 左右大小的简短视频，教学活动时间短，内容明确，使学生注意力更集中，符合学生的学习特点和心理特征，也方便学生随时随地通过网络下载或点播，能重复使用，利用率高。

3. 针对性强，传播方便

因为微课程是针对某个知识点进行设计录制的教学活动，目标明确，学生可根据自己的情况有选择性地观看学习，针对性极强，学习效果显著。微课程不但具有网络资源丰富、便捷、交互性强等优势，还打破了资源的地域、时间、数量限制，实现了资源的充分共享，为教师的专业发展提供了更多可用的资源。

二、微课程在高校健美操教学中应用的理论基础

(一)非正式学习理论

学习可以分为正式学习（Formal Learning）与非正式学习（Informal Learning）两种基本形式。非正式学习的出现，让人们对学习形式有了新的思考和认识。非正式学习是一种相对于正规和非正规教育而言的学习形式，是学习者从日常生活环境及自身经验中获得知识、技能和态度的过程，其目

标、内容、进程规划与调整、结果评定均由学习者自主控制。在非正式学习中，学习者针对自己的实际情况，自主选择学习时间、学习场所和学习资源等，可以通过各种途径来获得知识。非正式学习无处不在，广泛存在于人们的日常学习、生活中，它与传统的学习形式相比具有很大的差异性，具体表现出以下特点。

第一，非正式学习以学习者为中心，突出学生的主体地位。传统的学校学习，学生是按照已经安排好的内容形式、按照既定的学习模式进行学习的。而非正式学习则不同，学习者可以自由选择学习内容、学习时间、学习地点等，自主学习。非正式学习为学习者提供了很大的发展空间。

第二，非正式学习的学习方式多种多样。与传统的课堂学习教师教、学生学的形式不同，在非正式学习中，学生可以通过各种不同形式进行学习，如可以通过社会交往来传递知识，人与人的日常交流沟通等都属于非正式学习的范畴。非正式学习学习形式多样化的特点，使得学习无处不在。

第三，非正式学习具有较高的情境性。非正式学习与人们的日常生活紧密联系在一起，与传统学习的规定情境相比，它不受时间和空间的限制，在任何环境中都可以进行知识的传递，学习者可以在现实生活中运用所学的知识解决问题，这有助于学习者对知识的掌握和技能水平的提高。

微课程作为一种新型的教学资源，以其"短、小、精、悍"的特点，让学习变得更加方便。学习者根据自身的特点，选定需要学习的内容，自定学习时间，更好地体现出非正式学习理论的特点。

（二）建构主义学习理论

建构主义学习理论强调学生根据自己的情况和学习特征，主动去寻找学习资源。在教学中，强调学生要主动获取知识，教师为学生指引方向，帮助学生学习，学生是学习的主体，突出学生学习的主体性。

微课程的出现为人们的学习提供了一种新的学习方式，满足了不同人的学习需求。微课程传播主要是通过移动互联网平台进行的，因而学习者在学习的过程中，可以随时与人进行沟通学习，及时解决问题，学习者主动学习、合作学习，充分体现了学生的主体地位。通过微课程，学习者在已有知识水平上，利用平台提供的新型学习资源来进行知识学习，完成意义的建构。

三、高校健美操微课程设计的原则

根据高校健美操的教学特点和微课程的设计原则，微课程在高校健美操教学中应遵循以下原则。

（一）时间短

根据心理学研究和脑思维理念，微课程的时间设定应在 5 分钟之内，这就要求教师要严格把控教学时间，既要简明清晰又要突出重点，确保学习者注意力集中，以期达到最好的学习效果。

（二）知识点细化

微课程的"微"从另一方面来说体现为知识点"微"，即知识点细化，一节微课程只选取一个知识点进行讲解。知识点的选择也要慎重，不能过于笼统，要在充分研究教学内容的基础上，对知识点进行细分，将知识点分割成一个个小的学习对象，经过反复加工提炼，有所取舍，以保证在最短的时间讲最精练的内容。

（三）以学生为中心

微课程强调学生是学习的主体，提高学生的学习兴趣，让学生更好地学习。因此，在选择教学内容之前，要充分了解学生特点和学习需求，选择有代表性的教学内容。在设计微课程过程中，要关注学生的主体性，以学生为中心进行设计、教学。

（四）内容精准

微课程作为一种教学资源，是传统课堂教学的补充，教学内容必须是科学的、严谨的、没有知识性错误的。因此，就要求教师在设计制作过程中，一定要认真谨慎，选择合理恰当的教学方式，讲解知识点要注意语言表达的准确性和正确性；教学过程中出现的辅助性资源如图片、声音、录像等也必须慎重选择，确保不出现知识性错误。

四、微课程的设计流程

做任何事都要提前规划和设计，就像建一座大楼，要先设计出图纸，制作微课程也不例外。制作一节完整的微课程包括以下流程，如图 6-3 所示。

图 6-3 微课程的制作流程

（一）确定微课程选题

微课程制作的第一步是选题，一节课设计得是否好，教学效果是否显著，取决于教学内容的选择。一节好的微课程要求主题突出、目标明确，因而对于教学内容的选择要非常慎重。一节课选取一个特定知识点或典型性问题，要考虑知识点的选取是否是健美操教学内容的重点、难点、疑点等典型性问题；所选择的知识点的内容要精准，避免语言、文字或图片上的错误性描述；知识点的选择要细，确保 5 分钟内能将教学内容清晰地传授给学生。

（二）脚本设计

脚本的设计是做好微课程的基础。在确定教学内容后，教师要根据教学内容设计出相应的教学步骤或方案，编写脚本时可以从以下几个方面进行整理，如教学内容、解说词、字幕、备注、时间分配等。脚本设计实际是将微课程制作的思路、教学内容、教学过程等用文字的形式记录下来，方便后面的制作与开发。脚本的编写一定要有明确的目标，计划好需要准备的东西，如课程所需要的文字、图片、声音、视频、动画、测试题目等内容，也要清楚各素材之间的联系或出现时间。另外，编写脚本时还应清楚标明每个教学环节的时间分配，方便教师把握微课堂教学进程。

（三）选择制作方式

根据制作方式的不同，可以将微课程分为拍摄型、录屏型、软件制作型、混合型四种类型。

拍摄型微课程是使用录像设备，根据已设计好的教学内容，按照设计好的脚本或实际教学要求进行拍摄，可以是课堂实拍，也可以是专业室拍摄，可以是室内拍摄，也可以是室外拍摄，场景地点不限，根据教学设计、教学内容进行合理选择。制作拍摄型微课程用到的设备主要有三种，包括摄像机、无线麦克风、视频编辑软件，这三种设备是必备的，其余设备根据不同教学内容、教学要求的需要而提前准备。该种类型的微课程拍摄真实场景，有很强的代入感，教学内容也能清晰地展现在视频中，便于学生观看和学习。但在拍摄过程中干扰因素多，投资大，可能会受到场地、资金等影响；同时它也有较高的技术要求，需要有专业的技术团队进行辅助。

录屏型微课程是利用录屏软件，对教师的讲解过程和相应的课件演示过程进行同步录制所得的微课程。常见的有 PPT 录屏型微课程、手写板录屏型微课程等。录屏型微课程主要用到的设备是计算机、录屏软件和话筒，其余工具设备也是根据不同类型选择相应的录制工具的。录屏型微课程最大的优点是技术要求低，制作简单方便，可以在较短的时间内完成制作，且投资相对较少，适合普及推广。但是在制作过程中，受外界噪声干扰影响大；若制作 PPT 录屏型微课程，对教师的 PPT 课件制作能力要求较高。

软件制作型微课程是利用图片、动画或视频编辑软件，根据教学设计，将素材做技术合成后输出的教学视频，如利用二维或三维动画软件制作的动画微课。软件制作型微课程主要的设备包括计算机、Flash 软件，它适合于比较抽象的知识点的教学，如模拟宏观或微观的运动过程。软件制作型微课程可以将抽象复杂的知识以直观的方式展现在学生面前，方便学生理解学习，但是受技术限制，制作过程消耗时间长，教师必须熟练掌握动画制作软件。

混合型微课程是指根据教学内容，将上述三种类型的制作方式结合起来制作而成的微课程。根据教学内容的需要，有时候使用其中一种方法并不能制作出令人满意的微课程，这时候就可以根据每种制作方法的特点，将这三种类型综合应用，扬长避短，可以是拍摄型 + 录屏型，或者是录屏型 + 软件制作型、拍摄型 + 软件制作型，当然还可以是拍摄型 + 录屏型 + 软件制作型。

（四）准备素材

准备素材是微课程制作之前的最后一步，它包括微课程所需要的文字、声音、动画、录像等。文字叙述要简洁，有吸引力；图片、视频要求画面清晰，恰当选择，尽量不重复；声音除了教师讲解的声音外，还有调节微课程氛围的音乐、音效等，要慎重选择符合教学内容和课堂气氛的音乐、音效。这些都需要制作者根据教学内容和教学脚本设计要求，提前将教学过程中需要的素材准备好。

（五）微课程的制作

微课程的制作是所有环节中最重要的一步。根据技术手段、设备要求的不同，制作出来的微课程呈现方式也不同，需要制作者根据教学内容的特点，教学形式、授课对象的特点等来选择最合适的制作方法，方便学习者观看学习，使教学效果最优化。

（六）后期处理

后期处理是对制作好的视频进行编辑、美化、处理加工，包括配图、配音、添加字幕、添加片头和片尾等，最后导出所需要格式的微课程视频。

五、高校健美操微课程的设计

（一）高校健美操微课程时间设计的选择

微课程是在 5～10 分钟之内，完成对某个学科的重难点、疑点等典型问题的讲解，一节选择一个知识点进行讲解。教学内容明确、教学时间短是微课程的两大特点。根据心理学研究结果，一个人的注意力是有限的，人们对比较无趣的事物的集中力大约是 2～3 分钟，对比较有趣事物的集中力大约是 5～6 分钟，时间越短注意力越集中。结合健美操课程的特点、教学内容，并遵循人类的注意力保持规律和认知特点，笔者建议将健美操微课程的时长设置为 5 分钟，原因如下。

（1）在更短的时间内完成健美操知识点的教学，学生的注意力更集中，学习效率更高。

（2）5分钟的课程时间，更便于学生把零碎的时间利用起来，在任何时间、任何地点都可以方便地让学生完成一个健美操知识点的学习。

（3）5分钟的课程时间，学习安排紧凑，学习过程需要的时间和精力少，减轻了学生的学习压力和负担。

（4）5分钟的课程时间，教师能加快教学节奏，突出教学重点，使目标清晰地展示在学生面前，课堂效果更显著。

（二）高校健美操微课程教学内容设计的选择

1.对大学生学习特点的分析

首先，与中小学生的学习特点不同，当代大学生经过多年的学习习惯的养成和学习经验的积累，已经形成较为稳定的学习风格，对自己的人生目标也比较明确，已具备自主学习的能力，也形成了自己独特的学习方法，能够自己选择学习内容和学习方法；其次，随着社会和工作的需要，他们更加注重对实践能力的培养，同时还注重知识的实用性，会根据自己的情况和社会的需要来选择相关的学习内容；最后，大学生课外学习的时间较长，他们能够自觉地去学习知识。

2.对健美操微课程教学内容的选择

目前，高校健美操普修课的实践课内容主要有健美操基本步伐、全国大众健身标准、全民健身操舞套路以及民族健身操套路等。其中，民族健身操套路是把我国比较有特色的民族舞基本动作元素与有氧健身操步伐相结合创编的套路，虽然难度级别有所增加但是颇受学生喜爱。理论课方面，主要以健美操概述、健美操的分类及特点、健美操的内容及锻炼价值等作为讲授内容。

在健美操微课程教学内容的选择上，实践课可以选择学生较难接受和掌握的技术动作以及舞蹈风格比较突出的部分，如健身健美操中技巧类难度动作，教师针对这一难度动作讲解练习要求和标准，进行正确示范。又如富有民族舞蹈风格特色的教学内容，民族健身操作为高校健美操教学内容的一个重要项目，它将健美操基本步伐、动作特点与各民族特色舞蹈融合在了一起。要想呈现一套完整的套路，重点在于对民族风格舞蹈的表现力。而在教学过程中，大部分学生没有舞蹈基础，没有接受过正规的训练，难以把握不同民族舞蹈的风格特点，需要教师将此作为重难点着重讲解；也可以作为课题的延伸，提供一些健美操训练方法与手段，如有关柔韧性的练习方法、有关协调性的练习方法等。理论课部分，随着社会的发展和健美操运动项目的普及，学生除了掌握课堂内教师讲授的基础知识外，掌握一些实用的知识或是核心知识点延展的部分对更高效地学习健美操会非常有帮助，如对不同项目的规则的掌握，教师可以选择不同项目的创编要求、评分规则、裁判法等进行教学设计。由于教学时间的限制，也可以选择课堂上没有展开讲解的知识点，学生根据自己兴趣在课下自主学习了解，作为课堂教学的补充。

（三）实践课设计——以"傣族健身操"为例

1. 微课程选题及前期构思

微课程选题及前期构思，见表6-5所示。

表6-5　微课程选题及前期构思

微课程名称	"傣族健身操"
内容来源	傣族健身操套路中学习重点和学生易犯错误的地方
适用对象	在校大学生
教学目标	1. 使学生了解傣族舞的风格特点 2. 学习傣族舞里"三道弯"的基本身体姿态
教学重点	了解傣族舞的风格特点，学习傣族健身操基本手型
教学难点	通过教学，学生掌握"三道弯"的基本身体姿态
教学方法	讲解师范法、分解教学法、练习法、纠正错误动作
知识类型	理论讲授型、推理演算型、实验操作型、技能训练型、答疑解惑型、其他
教学应用	课前应用、课中应用、课后应用
制作方式	拍摄型
预计时间	5分钟

2. 录制脚本设计

录制脚本设计，见表 6-6 所示。

表 6-6 "傣族健身操"录制脚本设计

微课程结构	教学过程	教学内容
片头（约 20 秒）	教学内容介绍	本节课的教学内容是全民健身操舞——傣族舞套路组合一，讲解傣族健身操的风格特点，运用膝关节的柔美弹动和身体姿态，以膝关节、髋关节和肩部产生的丰富多彩的"三道弯"来展示傣族健身操的基本风格特点
导入（约 1 分 40 秒）	介绍本节课的重点和难点	重点：介绍傣族健身操组合动作手型。掌型：四指并拢，大拇指打开，虎口张开呈"L"形。指型：大拇指和食指向内收紧，其余三指依次打开，形状像孔雀的嘴一样。难点：介绍"三道弯"的基本身体姿态。腿部动作的"三道弯"：立起脚掌到脚跟，脚跟到弯曲的膝关节，膝关节到髋关节。手臂的"三道弯"：指尖至手腕，手腕至肘，肘至肩
正文讲解（约 2 分 50 秒）	傣族健身操组合动作讲解	1. 用分解法（手臂和脚步动作分开讲解），同时采用镜面示范和背面示范进行讲解教学 2. 教师带领学生练习，纠正错误动作 3. 配合音乐，完整练习一遍
小结（约 10 秒）	提出问题	1. 什么是"三道弯"？ 2. 我们的基本手型有哪些？

3. 确定制作方式

本节课为教学实践课，教师讲解示范傣族操组合动作，主要以教师示范为主，因而决定采用的制作方式为拍摄型。教学实践课需要学生模仿练习，通过拍摄视频，可以将教学内容、教学活动等直观清晰地展现在学生面前，方便学生模仿学习。

4. 素材的准备

本节课为教学实践课，教师讲解示范傣族操组合动作，制作方式为拍摄型，主要以教师示范为主，前期需要准备素材较少，只要提供最后练习时的音乐即可。音乐选择是在傣族健身操成套动作原版音乐中，根据组合动作剪辑出 30 秒的音乐。在后期处理过程中，为了使视频内容更加丰富、视频画面更新颖，决定在介绍不同内容时插入图片提示及转场特效，因而需要根据教学内容提前找到合适的图片以及特效音。

5. 制作微课程

本节微课程类型是拍摄型，在拍摄过程中要注意以下问题。

（1）教学环境的选择：要选择周围环境相对安静、外界干扰因素少的地方。若在室内拍摄，一定要合理选择场地，要注意场地大小是否够用、教师说话是否有回音、室内光线是否合适等；若在室外拍摄，要注意周围环境是否安静，尽量选择人少车少的地方。场地空旷，因而教师需要佩戴无线麦，方便收音。本节微课程选择在专业的录音室拍摄，环境安静无干扰，方便拍摄。

（2）硬件设备：拍摄型微课程需要的设备主要是数码摄像机，按照存储介质可分为硬盘式和磁带式两种；此外，手机、平板电脑、数码相机也具有拍摄功能。如果经费条件允许，尽量选择数码摄像机进行拍摄。本节微课程采用磁带式录像机进行拍摄，视频画面清晰。

6. 后期制作

根据教学内容和教学设计，先将拍摄好的视频剪辑为时间是 5 分钟的视频，然后针对视频里出现的问题，利用视频编辑软件对视频进行加工处理。本节微课程在后期制作的过程中处理的问题是将教师讲解过程中出现卡顿、讲解错误的地方剪掉。然后在讲解不同内容时，按照教学环节插入图片并配上文字提示，加入特效音，添加转场效果呈现。最后，在讲解重难点时，对基本手型和基本身体姿态"三道弯"利用线条、箭头进行标注提示，帮助学生理解和记忆。在课程最后，将教师提出的问题进行处理，插入图片，使问题以文字的形式出现在视频里，教师不出现在视频里，只保留教师的声音。

六、微课程应用于高校健美操教学的建议

第一，微课程在高校体育教学中的设计研究相对其他学科来说比较少，而高校健美操教学中的微课程设计研究更是没有，这就需要研究者结合高校健美操课程的教学特点进行有针对性的研究，将微课程教学与传统教学模式相结合，提高高校健美操课堂教学效果。

第二，微课程的制作有一定的要求，教师除需要掌握必备的科学文化知识外，还要精通各种计算机技术、录像、后期编辑等一系列专业技术，因而高校需要对教师进行微课程专业知识培训，从微课程教学设计与制作两个方面提高师资水平。

第三，在教学中推广应用微课程时，既要用发展的眼光看待传统教学，又要在其基础上将两者有机结合，取其精华，灵活应用在微课程教学中。

第五节　情绪调节教学模式在高校健美操教学中的应用

一、情绪调节教学模式概述

情绪调节教学模式就是指教师通过管理和调节学生的情绪，引导和发挥课堂中学生的主要情绪对教学活动的积极作用，为学生学习提供最佳情绪状态，从而调动学生学习积极性的一种新型课堂教学模式。情绪调节教学模式在竞技体育训练、竞赛中应用较为广泛，但在体育教学，尤其是健美操教学中的应用却相对欠缺。

二、健美操运动中的情绪活动

第一，如何对待学生的兴趣问题。一种观点认为要照顾学生的爱好；另一种观点认为不能迁就学生的兴趣，否则没法上课。如果以增强体质、提高身心健康水平为主，则应充分考虑到学生的兴趣与情绪，尽量使他们对体育课有兴趣、感到满意；如果以完成技术能力训练为体育课的主要任务，则要强调严格要求，要求学生服从命令听指挥。从发展趋势看，学校体育教学的

目的任务应是前者，因而体育课应当考虑学生的兴趣爱好。

第二，如何激发学生上健美操课的兴趣，调动他们的积极性。例如，在健美操课中首先要提高学生的学习兴趣，调动其情绪，使学生愿意学、乐意学、主动学，不能以单纯地完成教学任务或训练任务为目的，让学生听从教师的口令和指挥，而要以提高身心健康水平、增强身体素质为主来要求学生。今后，除了不断丰富健美操课的内容，还要多改善上课的环境，多创造培养他们兴趣的条件，使他们对健美操课的学习积极性越来越高，兴趣越来越浓厚，同时要严格要求他们。因此，首先，不能仅以身体素质，如速度、耐力等作为检验学生健美操课学习程度的标准，而应多以学生学习的积极性、灵活性、协调性，以及动作的优美程度作为反馈的指标，并和以前相比，看看有没有变化或进步。其次，要增加运动场馆的配套设施，如增加光照，在墙壁上增加色彩，安装镜子和把杆等，多搜集一些好的音乐，改善教学的条件和环境，使学生上课的时候感觉环境舒适。这些都可以调节学生的情绪。从长远来看，学校在制定体育教学目的和任务的时候，应当首先考虑学生的兴趣爱好。

第三，要重视健美操理论课。通过理论讲解，学生对健美操会有全面深入的了解，意识到它对身心健康全面发展的重要作用。情绪和体育是互相影响、互相促进的，它们的关系是双向的。例如，在健美操运动中，焦虑、挫折等情绪在一定程度上会影响学生的学习信念和效果，因而应重视健美操理论课，增加学生对健美操的认识。只有这样，才能使情绪变化与健美操的关系更融洽、更协调，降低体育运动中情绪的变化对竞赛和教学的不利影响。

三、情绪调节教学模式的理论依据

（一）情绪的生理基础

情绪的生理基础指和情绪有着密切关系的人体许多内部器官的活动。大脑皮层对情绪起调节和抑制的作用，边缘系统参与情绪体验的产生，内分泌系统与自主神经系统和中枢神经系统相联系直接参与情绪活动，情绪的产生和变化对呼吸系统、循环系统、消化系统等都具有重要的影响。

可见，情绪不是一种单一的心理活动，它明显地涉及人的内部态度体验、外部行为表现和机体的生理活动等多种身心过程。了解这一点对于深刻认识情绪在个体生活中的重要作用，并为学生提供科学全面的教育和辅导具有重要的作用。

（二）情绪心理学的理论基础

情绪对认知活动有组织或瓦解的作用，认知活动受到情绪的影响。积极的情绪对认知活动起到协调、组织的作用，消极的情绪对认知活动起到破坏、瓦解和阻断的作用。

情绪调节是个体对情绪及其相互联系的行为进行调整和运作的过程，也就是个体管理和改变自己或他人情绪的过程。情绪调节有具体情绪的调节、情绪动力特征的调节（如强度、范围和持续性等），一定的策略和机制，使情绪在生理活动、主观体验等方面发生一定的变化。情绪调节可以帮助人们发挥正情绪的积极作用，避免消极情绪的负面影响。

四、学生情绪调节的必要性和可能性

情绪是大脑皮层和皮层下神经中枢协调活动的结果，同时也是一种心理活动。使学生在身体和心理上获得并保持最适宜的状态是调节和控制学生情绪状态的目的。人体的生理变化如循环系统、运动系统都会受某种情绪的影响。在体育运动中，采用一些较为科学的方法和手段来促进学生的身心健康，调节其不良情绪是非常必要的。只有这样才能使学生克服焦虑、挫折、紧张等情绪的变化，达到最适宜的兴奋度。体育课上，学生积极的情绪变化可以调动神经系统的积极性和兴奋性，增加热能和氧气供给，使人体新陈代谢的血流量加大、心率加快、呼吸加速，这就给人体带来了积极的影响，有利于稳定学生的情绪和身体机能，使之达到最佳的情绪状态；反之，学生消极的情绪变化，则会给人体造成消极的影响，使心理状态出现异常变化，从而使学习效率和效果大大降低。体育教学效果可以通过大脑系统进行调节与控制，而情绪状态则与内外刺激紧密联系，并且出现的时间较为短暂，这一特性决定了学生在运动练习中的情绪状态具有可变性。

五、情绪调节的基本过程

(一)情境选择

情境选择指个体对自己将要遭遇的人和事做出回避或接近的选择,从而对可能产生的情绪做出一定的控制。情境的选择并不是随机的行为,它往往反映了个体对适当环境的一种选择,可能是有意识的,也可能是无意识的。当个体处于某种情绪诱发的情境中时,对情境的反应调节发生在情绪激活之后,是指通过增强、减少、延长或缩短反应等策略对情绪进行调整。即使对情绪做出一定修改,仍然可能对情绪进行调节。

(二)情境修正

在不改变情境的前提下,调节情绪也是有可能的,因为每种情境也存在着不同的方面,并具有不同的意义,个体可以通过调整自己的注意力和认识来改变情绪的产生过程。情境修正是通过改变和修正诱发情绪的情境的某一个方面和特点,而使情绪发生改变的努力和策略。例如,面对一个愤怒的人有三种解决办法:离开、忍受和制止。假如采取制止的方式,冷静处理就是情境修正的调节策略。

(三)注意分配

注意分配是通过转移注意和有选择地注意,对同一情境中的多方面进行注意上的调配,例如,忽视其他方面而仅注意某一方面就是对注意的调配。分心是将注意力从当前的情境中转移或将注意集中在与情绪无关的方面。专心是长时间地在某一方面集中注意力,是一种自我维持的状态。

(四)认知改变

学生认知活动水平和智力的个别差异,不仅影响教学内容的选择,同时还影响教学方法和教学中师生交互作用的运用及教学效果。另外,个体的认知活动水平和智力也不是一成不变的,而是会随着年龄的增长以及经验和受教育状况的改变而不断发展变化。对学生认知活动能力和智力的培养,是教育的重要目标。

（五）反应调整

反应调整表现为情绪反应行为表达的减弱或增强，受情绪已被激发后情绪反应趋势的影响。如果别人损坏了你的东西，你努力控制自己的愤怒情绪而不发火就是降低性的反应调整；如果你的情绪被一个热烈的群众性公益活动场合所激起，热情被点燃，这就是增强性的反应调整。

六、情绪调节教学模式在健美操教学中应用的可行性分析

情绪调节教学模式在健美操教学中有着十分积极的意义。在传统教学中，教师只是一味地向学生教授知识，往往忽视了学生这一主体因素，使学生易于出现的错误得不到及时合理的纠正，一旦形成定势，在以后的教学中就更加难以纠正。而在情绪调节教学中，可以借助学生持续的意见反馈及形成性评价，通过纠正及强化学习来解决这一问题。情绪调节重视教学评价的过程化，发挥教师在教学中的主导地位，有利于改进教学工作，帮助学生解除疑惑，使学生更加快乐地去学习，更加愉悦地接受批评，在提高学习能力的同时，也促进了学生对技术动作的掌握。可见，该设计具有可操作性。这种教学模式的主体是全体学生，教师在教授过程中对学生都有强烈的期盼，把学生的个别差异作为制定教学目标的前提，使每一个学生对其起点都有准确的定位。学生在此基础上，按照自己既定的目标不断努力，不断地通向成功，培养自己的信心和兴趣。

七、情绪调节教学模式在健美操教学中的实用价值分析

在传统观念中，体育就是一种辅助学校推广心理健康教育的具有特殊意义的工具。由于健美操具有教学活动的不确定性、人际交往的广泛性、心理操作的多面性、身体活动的实践性、心理健康体验的复合性等特点，所以，它在学生改善心理状态、提高身心品质、弥补心理缺陷、克服心理障碍等方面具有积极意义。从学校体育的深层次意义出发，健美操是以人们的身体运动，来尽可能满足个人及社会的物质与精神需要的一种普遍存在的实践活动，其自身蕴含丰富的感情因素，在对个人的作用方面，使人身心俱健，具有保健、养生、健美、医疗、政治、文化、经济、娱乐和心理调节功能，因而是最具备表现学生身体和精神和谐发展的实践教育活动。

八、高校健美操教学中情绪的作用

情绪是人对于客观事物是否符合人的需要而产生的态度体验，是对客观现实的一种特殊反映形式。在高校健美操教学中，情绪具有以下几方面作用。

（一）情绪的转化作用

情绪可以作为一种转化的精神力量。大量的科学研究证明，在健美操教学活动中，学生如果能够体验到成功，就能在一定程度上增强信心，从而对学习健美操产生浓厚的兴趣，产生更大的学习动力。此外，在教学中不断地进行情绪调整和控制，教师往往会用一些巧妙的方法来营造教学氛围，调控学生的情绪，从而提高教学质量。例如，感染调控，就是指不管在课外受到多大刺激，教师都会很合理地控制自己的情绪，使这种情绪不会传染给学生，不会对正常教学产生消极影响。总之，教师在健美操教学中如果能充分而有效地运用情绪所具有的激活、动力、转化的作用，就能唤起学生积极健康的情绪，使学生"理智的思考"寓于"情感的体验"中，对学习体育知识、技术、技能将具有很重要的作用。

（二）情绪的激活作用

情绪激活可分为心理激活与生理激活。心理激活是对个体选用适当的认知策略，调用认知图式同化或顺应客体的影响；生理激活是指情绪通过影响个体的生理机能，对体育活动发生直接或间接的影响。对体育活动发挥着积极作用的情绪有人的欢乐、愉悦等正情绪，这类情绪都可以产生良好的效果。

（三）情绪的动力作用

情绪对于健美操活动来说具有增强或减弱的功能。在一般情况下，快乐、兴奋等情绪，可以大幅度提高人的活力并且能驱使人发生积极的行为。因此，情绪在人的动机系统中居于核心位置，具有动力作用。

九、情绪调节应用于高校健美操教学应注意的问题

（一）建立良好的师生关系，提高教师情绪情感的感染力

师生关系不仅是教学过程中最基本的人际关系，而且直接影响着学生的情绪情感，是教育能否获得成效的保证。教师作为教学过程的主导者，应该是情感交流的主动方。因此，教师要从自身出发，努力建立良好的师生关系。情绪具有很强的感染力，教师的喜怒哀乐在教育教学过程中很自然地影响着学生的情绪。因此，教师还要善于"包装"自己的情绪，使之处于快乐、饱满、振奋的良好状态。

（二）运用合理的教学方法，让学生获得愉悦的学习体验

学习是学生主导的活动。在健美操教学中，教师如果只是传授书本上的知识，教学目标只限定在知识的掌握和运用上，忽略情绪的调动和情感的陶冶，极易使学生感到索然无味。因此，教师应该在各个教学环节注重情绪情感的渲染，使学生带着愉快的心情来学习知识、提高能力。

1.创设问题情境，激发学生的学习兴趣和求知欲

健美操教师在组织教学时，设置各种问题情境，能够有效引起学生的好奇心，激起学生要"弄懂"知识和掌握技能的愿望。问题情境的创设是教师（也可以是学生）通过有关现象、事例、实验或其他学习材料提出有关的问题，来引发学生的学习兴趣。

2.重视教学过程的情感目标，调动学生主动参与的热情

求知本来是人世间最大的乐事，却在"要我学"的填鸭式教学方式下被异化了。传统的课堂教学，教师从头讲到尾，学生从头听到尾，教师是权威，担任着导演和演员的双重角色，学生只是观众，顶多跑跑龙套、敲敲边鼓，课堂寂静无声、死气沉沉，学生仿佛是在"梦中"一样。本来活泼好动、生机勃勃的学生，在课堂上变成了没有生命气息的"容器"，更多的是处于被督促、纠正，甚至是被呵斥的客体地位。"学生主体"大多成为停留在理论层面上"议而不行"的一个口号，学生习惯迎合书本和教师的标准，自主学习能力及创新

的欲望一再被压抑，极易感到乏味。这样培养出的学生也很难健康、快乐、全面发展，也不能适应现代社会对人才的需求。因此，教师应加强对学生课堂中情绪与情感变化的重视，加强与学生的互动，活跃课堂气氛，充分调动学生主动参与的热情，使学生乐意主动学习，从而提高教学效率。

3. 有针对性地分层教学，让学生体验成功的喜悦

学生是不同的个体，他们对事物的体验、兴趣以及对知识掌握的程度各不相同，而传统教学却要求学生在一定的时间内完成同一内容，期望达到同一目标，这样很难谈得上学生是在愉快地学习。分层教学不失为一条有效的解决途径。分层教学是指根据学生的知识和能力水平，把学生分成不同的层次，确定不同的教学目标，运用恰当的教学策略，辅以不同的训练和辅导，借助各层本身的力量促使每一层次的学生都得到最好发展的教学策略。

（三）运用赏识教育，激发学生的自尊和自信

所谓赏识教育，是指教师在教育教学过程中，注重对学生优点和长处的发现与赞扬，使其获得自尊和自信，进而把教育的要求内化为个体的自觉行为，是积极、主动、快乐地发展的一种教育方式。实施赏识教育要做到具体、适时、适度。

（四）教会学生保持良好情绪的方法，提高其驾驭自己情绪的能力

情绪与我们如影随形，能否妥善管理情绪关系到个体的生活质量、人格发展、学业进步和人生幸福。当学生遇到会带来压力的事件时，教师可以教会他们一些调节和控制不良情绪的方法，逐渐提高其驾驭自己情绪的能力。

（五）家校结合，共育良好的情绪情感氛围

家庭是孩子的第一所学校，是人类情绪情感丰富的资源所在地。学校要与家庭形成合力，共同为学生营造"在家暖心，在学校开心"的情绪情感氛围。教师要与家长沟通，指导家长认识到家庭成员是孩子情绪情感学习的榜样，如果家庭成员能够和睦相处，善于处理好自己的各种情绪情感，这不仅能使学生生活在温馨的家庭氛围中，得到关心爱护，心情愉悦，获得健康积极的社会性情感，而且通过耳濡目染，学生也很容易学会以同样的方式处理生活中的情绪情感问题。

第七章　音乐在高校健美操教学中的应用研究

第一节　音乐与健美操概述

一、健美操音乐文化

文化具有时代性，会随着时代的发展而发生变化。不同时代的文化具有一定程度的差异，都会展现当时的时代特点。文化是多种符号的集成，是人类在后天环境中不断学习、积累经验，从低级到高级逐渐创造出来的。动物没有符号，只对信号做出条件反射，而人能把信号转变成符号。可以说，人们生活在文化氛围中，也就是生活在各种符号中。纵观人类发展史，许多爱好能形成一种习惯，许多习惯又能形成一种文化。

作为一种符号，健美操音乐被人们使用并传承，成为一种时尚的文化。时尚文化不是一成不变的，它具有一定的时代特征。绝大多数文化的形成都会经历与其他文化的交流、融合以及碰撞，从而实现不同民族之间的文化沟通，其中优秀文化最容易被人们理解并采纳，进行消化和吸收，最终成为人类共有的文化财富。健美操音乐文化对健美操发展起着积极的作用，使体育文化本质的展现与文化的功能密切相关。

二、健美操音乐文化的特点

健美操音乐文化具有强烈的代表性，能唤起人们的时代共鸣。健美操音乐具有浓厚的时代气息，反映了时代的物理元素，还原了时代背景。20 世纪90 年代，健美操音乐以单调的爵士乐、迪斯科和摇滚乐为主，反映出人们单纯的健美操思维结构。到了 21 世纪，健美操音乐凸显了科技时代的特征，主要是节奏鲜明的电子音乐和 DJ。近些年，健美操音乐更注重原创。

三、音乐在健美操教学中的作用

（一）调动学生的兴趣

兴趣是对事物关切或喜好的情绪，是人们对某种事物或某项活动力求认识的倾向。兴趣表现为人们对某种事物或某项活动的积极情绪反应和选择性态度。在人类的实践活动中，兴趣具有重要的意义。兴趣可以让人产生愉悦、紧张的心理状态，让人集中注意力。当一个人对某种事物或某项活动产生兴趣后，他就会将注意力集中于该事物或活动上，并对其产生一定的积极情感。音乐最能使学生大脑皮层产生兴奋，调动学生的兴趣。健美操课堂上一响起音乐，学生就会表现出主动学习的欲望。在健美操教学中，音乐能调动学生的学习兴趣，让学生将注意力集中在教学上，加快掌握动作的速度，从而充分表现自我。

（二）激发学生的情感

健美操音乐具有鲜明的节奏感、韵律感和时代感，加上健美操动作的力度、激情、表现力等都是在接受音乐的刺激之后产生的，音乐更能激发学生的丰富情感，达到健美操教学的目标。因此，在不断变化的音乐旋律伴奏下，连续不断地重复和变化练习动作，可使学生的兴奋程度不断增强，进而达到锻炼身体、陶冶情操的目的。

（三）具有号召力和感染力

健美操音乐能消除练习者神经上的疲劳感和紧张感。音乐使健美操动作充满活力，人们在欢乐的气氛中进行锻炼，能保持心情愉悦。学生无论处在怎样的心境，通过健美操练习，一般都会取得良好的效果，消除疲劳与烦恼，精神上能得到极大的愉悦感。对于旁观者来说，他们往往也会在音乐的感染下产生跃跃欲试的感觉。

（四）利于快速掌握技术动作

音乐旋律的节奏与动作形象可在人体大脑皮层中形成一定的联系，因而音乐可以引起联想和动作的自然反应。当动作达到一定熟练程度时，根本就不用细想，人们脑海中自然而然地会伴随音乐的旋律不断出现动作形象，启迪和帮助自己更快地记住动作，掌握动作的要领，使动作更加优美、协调，同时增强对健美操的理解。

（五）对身体产生积极影响

健美操的音乐能与练习者心跳频率产生节奏共鸣，即当音乐节奏加快时，练习者心率也相应升高，反之则心率减缓。在有音乐伴奏和无音乐伴奏的情况下练习，每分钟心率可以相差 10 ~ 20 次。它的原因是，音乐的节奏使大脑皮层中枢神经产生兴奋，给情感带来良性刺激进而使血液循环加速、呼吸加快、心跳频率增高。

（六）强化对动作美的烘托

健美操的音乐是服务于健美操动作的功能性音乐。用音乐烘托健美操的气氛，表现健美操的特点，二者紧密结合，使健美操有声有色，增强了健美操的感染力。和谐优美、节奏感强的音乐与动作相结合，能增强健美操的表演效果，使人们得到健与美的享受。

（七）激发练习者的表现力

音乐是"心灵的体操"。优美动人的音乐可以提高练习者的乐感、美感及动作的表现力，丰富练习者的想象力和创造力，从而达到增进健康、培养正确体态、塑造美的形态、陶冶情操的目的。

（八）对创编和设计健美操具有诱导作用

音乐本身是艺术家的创造成果，一首激进、奔放、富有创意的音乐可激发人的想象力，启迪人的思维。具有一定创编经验的教师或教练员听到一首或一段好的音乐就能想象出各种相应的动作或构思出成套操的粗略结构，健美操的创作灵感往往是在音乐的激发下产生的。健美操的创编一般是根据音乐来编排动作的，因而美妙的音乐显得尤为重要，音乐赋予健美操创作的灵感也是最为珍贵的。音乐能激发人对动作的想象力、创造力和对动作创作的灵感，进而更好地创造出与音乐相融合的健美操动作，使其在最大程度上表现音乐的内涵。

第二节　健美操音乐的种类与特点

一、健美操音乐的种类

（一）民族乐

民族乐具有鲜明的民族特点和地方特色、丰富的调式旋律、独特的音乐风格，以及强烈的时代特征。民族乐的音乐形象丰富多样，旋律优美亲切，节奏鲜明，具有极强的舞蹈性。

（二）爵士乐

爵士乐诞生于 19 世纪末 20 世纪初的美国，是非洲文化和欧洲文化的结合体。爵士乐主要来自黑种人社会的劳动歌曲以及婚丧仪式等社交场合上演唱的散拍乐。爵士乐还借鉴了欧洲音乐和声的手法，起初主要是即兴演奏，具有独特的切分节奏。爵士乐属于打击乐，其音色鲜明，节奏变化丰富，即兴性强，由连续不断的切分节奏构成，体现出喜乐氛围。

（三）迪斯科

迪斯科音乐流行于 20 世纪六七十年代的欧美，由爵士乐演变而成，多带唱，节奏较快，不断重复出现重音，歌曲的内容往往不是表现的主题。迪斯科强调打击乐，它在旋律上继承了爵士乐的切分节奏，多采用单拍子，重复不间断地出现，体现出强大的精神力量。

（四）摇滚乐

摇滚乐又叫作滚石乐，也是由爵士乐演变而成的音乐。摇滚乐属于激情音乐，继承了爵士乐的即兴性，节奏有快有慢，往往重复出现同一种节奏，带有摇摆的感觉。摇滚乐的表现形式包括重金属、流行摇滚、乡村摇滚、柔摇滚等。

（五）轻音乐

轻音乐通常指那些结构简单、生动活泼又轻松愉快的音乐。一般情况下，轻音乐不表现复杂的内容和主题思想。轻音乐主要分为以下五类。

第一类：活泼轻松的舞曲。

第二类：流行歌曲和通俗歌曲。

第三类：电影配乐与戏剧配乐。

第四类：民间曲调与日常舞蹈音乐。

第五类：轻歌剧。

（六）外文歌曲

健美操中的外文歌曲都具有很强的节奏感，音乐速度较快，打击乐特点较为明显，具有强烈的震撼感，能展现出强烈的青春气息。高校健美操音乐十分适合选用外文歌曲。

（七）世界名曲

世界名曲一般都蕴含较强的哲理性，其哲理性超越了音乐本身的意义，能跨越时空、语言以及民族的界限，也能超越思想、人格以及阶层的界限。世界名曲形象鲜明，旋律优美，具有极强的感染力。

二、健美操音乐的特点

与舞蹈和艺术体操相比，健美操更加强调动作的力度。因此，健美操的音乐都是旋律动听且节奏鲜明的。健美操音乐主要是爵士乐、迪斯科、摇滚乐、民族乐等，这些音乐让健美操体现出一种强烈的现代韵律感。健美操音乐的韵律变化要此起彼伏，节奏变化要有强有弱，有奔放也有抒情。好的健美操音乐具有强烈的感染力，会对健美操起到锦上添花的作用。

在高校健美操教学中，健美操音乐是为配合健美操动作教学而使用的，因而它必须以健美操动作为依据。健美操动作能对人体产生多种功效，它具有自身独特的节奏，要求速度有快有慢，要有一定的力度，要求姿态优美、动作连贯，如行云流水。具体来说，健美操音乐的特点主要体现在以下几方面。

（一）时间准确

健美操运动的生命线就是时间。健美操运动会受音乐时间的限制，因而在确定健美操音乐时，对音乐时间的要求十分严格。音乐的时间长度必须与健美操动作的时间相同，健美操动作结束，音乐也要停止。要想在有限的时间内尽可能展现出运动者的运动水平，健美操的动作就要准确、集中、简练、概括、典型，具有较强的表现力和感染力。不管选择何种类型的健美操音乐，都要遵循自然、恰当的原则，不能让人感到牵强或突兀。

（二）节奏鲜明

健美操音乐节奏的强弱与快慢以及音调的和谐优美，能影响健美操动作的起伏、速度快慢、力度大小、幅度大小、运动负荷大小等。

音乐是健美操训练的口令，是健美操动作的节拍。在乐曲中，一拍为强，其余为次强或弱，会周期性出现的节奏包括二拍、三拍或复合成四到八拍等。弱拍、强拍反复出现会形成强弱交替、有规律的且极具感情色彩的旋律表现。因此，健美操的音乐节奏和动作节奏必须相吻合。清晰的音乐节奏能让学生轻松地区分出节拍的强弱交替，有利于更好地反映出动作的力度。

由于训练要求或竞技需要，健美操音乐的节奏有一定的稳定性，同时还对节拍速度有一定的要求。在速度方面，健身性健美操的音乐速度要求为 10 秒 23 拍左右；竞技性健美操的音乐速度要求为 10 秒 26 拍以上，音乐节奏较快，动作更加活泼。但音乐的速度并不是越快越好，因为动作的速度受动作幅度的影响，如果音乐速度过快，超越了动作本身的节奏，学生就难以在应有的节拍中完成准确的动作，会影响音乐和动作节奏之间的协调关系。

（三）旋律优美

音乐作用于人的听觉，能让学生产生一定的想象与联想，在头脑中形成富有情感的意象，在情绪上受到陶冶与感染。因此，音乐对人的情绪、情感变化以及人体运动都会产生直接影响。

健美操运动之所以受人喜爱，不仅因为运动本身的功效性和时代性，还因为现代音乐给健美操带来了生机与活力。在听到旋律优美和节奏强劲的音乐后，学生会产生情感的联想，产生想参与健美操运动的欲望。健美操音乐决定完成动作的节奏与节拍，同时还应具有欣赏价值，具有陶冶情操和提高审美趣味的作用。因此，健美操音乐的旋律应该是热情、轻快、奔放、优美、沉稳、浑厚的，而不应该是伤感、消沉、哀怨、颓废的。健康向上的音乐曲调能让学生振奋精神，消除身体疲劳感与紧张感，能调动学生的情绪，提高运动效果，从而使学生获得生理与心理上的平衡。

（四）旋律形象化

旋律形象化是指一套健美操的音乐要体现完整的艺术形象。为了达到这个目的，健美操音乐要有系统的结构，音乐开始、发展、高潮、结束都要表现出连续性的音乐形象。例如，当男子运动员在进行仿直升机状的动作时，音乐同时出现飞机盘旋于天空的特殊音效，可以形象地将男子运动员的力度体现出来。健美操音乐的定位越准确、旋律越鲜明，才能越有效地发挥出创编者与表演者的水平。

（五）编辑形式灵活

健美操音乐的编辑形式十分灵活，好的音乐编辑能有效提高练习效果。教师在选用音乐时，除了使用快节奏音乐表现健美操动作外，还可以使用慢节奏音乐作为开始或结束部分。这更有利于突出快节奏音乐的力度与速度，特别是在结束部分，会给人带来宁静松弛的感觉。

（六）具有时代感

健美操音乐具有较强的时代感。健美操音乐旋律动听，节奏强劲有力，充分体现了现代社会快节奏、高速度的特征，与人们快节奏生活的内心倾向十分吻合，可以让人感受到强烈的时代气息。

第三节　音乐在健美操中的应用

一、影响健美操音乐选配的因素

（一）节奏与动作

音乐节奏是乐音长短与强弱关系的统称，通过节拍来体现，也体现出乐段和乐段之间的长短与强弱关系。动作节奏是完成动作时所表现出的用力时间、用力强弱以及用力幅度等，能体现出健美操的特点。通常情况下，不改变音乐的节奏，而改变动作的节奏。在一个节拍中，既可以做一个动作，也可以做几个动作，但是不管动作节奏如何，必须根据音乐节奏的要求来完成，让音乐和动作完美结合，以提高健美操动作的表现力和感染力。目前，比较流行的趋势是成套健美操中包含不同的音乐节奏与动作节奏变化，以增强健美操的多样性，体现出运动员的水平。

（二）旋律与动作

健美操的音乐旋律必须通过动作将其形象化，用动作表达音乐意境，展现音乐所塑造的艺术形象。健美操的音乐旋律应该和动作变化协调一致。健美操动作本身具有很强的变化性和节奏性，动作的节奏、力度、幅度、方向、姿势等都与音乐旋律密切相关。健美操的动作变化和音乐旋律完美配合，能产生一种"共振"效果，提高健美操的表现力，让观众的情感体验不由自主地跟随运动员的表演逐渐升华，产生想参与其中的冲动。

（三）音效与动作

在成套健美操中添加大量特殊音效是健美操的音乐特色。特殊音效能起到增强、夸大效果以及提示动作等作用。添加的音效越鲜明，定位越准确，越能体现创编者的才华以及表演者的水平。

（四）动作强度

健美操动作的强度受动作速度、动作频率、动作幅度、动作姿势等方面的影响。学生的健美操水平越高，可选择的动作强度就越大，音乐节奏也越快。

（五）动作风格

一套健美操应该具有独特的主题和风格，并通过动作与音乐的选配以及它们的配合体现出来。目前，健美操的音乐主要是爵士乐、迪斯科和摇滚乐，这些音乐的节奏欢快有力，有利于提高动作力度，增强表现力，但这些音乐千篇一律，缺乏特色。高校教师应注意选择具有特色的主题音乐。

（六）整体效果

健美操的动作主要包括三种形式，即组合动作、过渡动作和难度动作。通常情况下，这三种形式的动作会均匀地安排在整套健美操的各个部分，并有与之相协调的音乐配合。例如，开始部分的造型动作一般选配体现动作主题的音乐；高潮部分的复杂动作是最能体现风格的特色动作，音乐比较强劲欢快；结束部分的动作应该和终止音乐的织体相匹配。

二、健美操音乐选配的过程

（一）根据音乐选择动作

音乐是健美操教学中的重要组成部分，发挥着语言的指挥作用。高校健美操教师在设计成套健美操前，首先应挑选音乐。对于选好的音乐，应分析其结构特点，根据音乐的旋律和节奏设计和创编健美操动作。健美操动作的节奏必须与所选音乐的风格相吻合，只有节奏相一致，才能取得良好的效果。通常成套健美操应采用结构完整、旋律优美、节奏强劲、具有表现力和感染力的爵士乐、民族乐、迪斯科、摇滚乐等。

音乐选择的成功是创编成功的一半。但有些人对此认识不足，只注意动作的设计创编，忽视了音乐对创编设计的效用和对成套动作的烘托作用。好的音乐能激发情绪，提高兴奋性，让人产生灵感，这对创编是十分有益的。

在这种音乐伴奏下学习健美操的学生，更能进入意境，产生良好的共鸣效应。在实践中，经常遇到这样的情况：尽管整套动作编排设计得不错，但由于忽视了音乐的效用，便会大为失色，不能给人以优美动人的深刻印象。

健美操教学和训练课中的音乐不受比赛规则对有关音乐、时间等的限制，选择乐曲的自由度较大，但总的要求是简单、通俗、易于产生激情和表现，一般以欢快动听、节奏强劲鲜明的旋律为主。教学中的基本动作及组合动作的节拍不是很长，应配以优美动听、节奏感强的旋律乐曲，不仅易于使学生接受，也能调动他们的兴趣，使之产生欢快、振奋的情绪。

高校健美操教学中的音乐应该节奏鲜明，注重培养学生的韵律感与节奏感。在健美操教学过程中，各种健美操的基本动作都有其节奏性与节拍性。因此，应选用典型的、有强烈节奏感的乐拍，与各类基本动作组合或成套节拍相吻合。在健美操教学过程中，应先以基本动作和组合动作为主，再进行成套动作的练习。基本动作和组合动作都具有一定的律动性，且律动性比较规整，易于和音乐的节拍规律相吻合。

在高校健美操教学中，基本动作以及组合动作的数量是根据教学需要和动作内容进行安排的。因此，音乐的长度应以动作为主。

（二）根据动作制作音乐

1.音乐的剪接

健美操音乐剪接的形式主要包括两种：一种是同一首音乐的剪接；另一种是两首或多首音乐的剪接。不管哪一种剪接，都需要注意，剪接的部分放在音乐空拍、停顿或结尾处效果比较好。剪接后的音乐旋律应相同或相似，尤其是两首或多首音乐的剪接，音乐的旋律和节奏一定要相同或相似，避免给人牵强的感觉。

2.音乐的调速

音乐的调速包括两种：一种是整首音乐的调速；另一种是部分音乐的调速。需要注意的是，音乐从慢变快听起来比较自然，但不能从快突然变慢。在具体的音乐操作中，可以采取以下处理方法：将调速后的音乐放完之后稍加停顿，再录制具有特殊音效的音乐剪接。

3. 成套音乐的制作

为了提高成套动作的完成效果，提高学生健美操的训练水平以及表现能力，应进行成套健美操音乐的制作。根据成套动作的整体风格、每一节动作的特点和具有特殊性的动作，制作成套音乐。可以在比较特殊的动作中添加一些特殊音效。实践证明，依据健美操的动作特点，在相应的音乐中加入一些特殊音效，有利于提高学生的表现力，培养学生的审美能力。

三、健美操音乐选配的注意事项

（一）基本动作和组合动作音乐选配的注意事项

（1）在基本动作和组合动作教学过程中，所配的乐曲应风格一致，音乐节奏要和动作节拍相一致。例如，16 个 8 拍的跑跳组合动作应选择节奏欢快、鲜明的 2/4 拍，长度为 64 小节、共 128 拍的乐曲，只有这样才能较好地与之配合。

（2）选配的乐曲要符合学生的实际水平，节拍应经常变化，让学生保持新鲜感，以利于提高学生的音乐素养。

（3）选用现成的乐曲时，常常会受到所选乐曲本身乐句、乐段长度的限制，不能完全吻合时，教师应对乐曲进行剪切，保持音乐与动作相统一。

（二）成套动作音乐选配的注意事项

（1）选配的音乐要与成套动作风格一致。健美操的音乐直接影响健美操的结构、风格、节奏、速度等。一段好的音乐能调动健美操创编者的创作灵感以及学生的学习兴趣。因此，成套健美操的音乐要保持与成套动作一致的风格。竞技性健美操应根据运动员的特点，选择能体现个性特征的音乐，展现出运动员的水平；健身性健美操则可以选择具有时代特征的音乐。

（2）选配的音乐要体现健美操的特点。健美操教师在选配音乐时，要充分考虑健美操健、力、美的特点，注重力与美的完美融合，音乐旋律要优美动听，节奏要强劲鲜明且富于变化。音乐应与动作性质一致，动作表现音乐，音乐衬托动作。

（3）选配的音乐要具有完整性。教师可以从一首较长的乐曲中选取若干乐段剪辑成套健美操的音乐，或者从几个乐曲中选择若干乐段编辑而成，还可以专门谱写乐曲。健美操的乐曲要在限定时间内尽量突出主题，注重乐曲结构的统一性与完整性。在健美操音乐的剪辑过程中，要遵循乐曲的规律，注重不同乐曲的特性，让不同主题的乐曲自然贴合，使乐段之间自然衔接。

（4）选配的音乐旋律要动听并使人振奋。健美操是一种人体运动的艺术，也是一项健与美的运动，无论是音乐还是动作，都应体现出美和活力。从音乐角度来讲，音乐旋律应优美动听、富于变化、节奏鲜明、突出美感，这样才具有吸引力。动感的音乐有利于让学生产生激情和丰富的想象力，充分发挥他们的表现力，让他们投入健美操运动中，让动作成为音乐活的曲词。

（5）选配的音乐要注意长度和灵活性。竞技性健美操的竞赛规则中明确规定，成套健美操的时间约为 1 分 45 秒。因此，在选配音乐时，应把时间控制在 1 分 40 秒～ 1 分 50 秒之间。通常情况下，一套健身性健美操的音乐时间选在 2 分 30 秒～ 3 分 30 秒为宜，其时间的选择比较灵活，可长可短，主要取决于内容多少、难易程度、选择音乐的长短及任务需要等。

四、音乐在健美操编排中的运用技巧

一般情况下，一段好的音乐，其特点主要通过旋律、句法、节奏、节拍、和声、织体等的合理运用表现出来。其中，旋律、句法、节奏和节拍与健美操动作的协调配合十分重要。

（一）旋律

旋律的构成要素包括音乐的长短、高低以及强弱，将这几个要素按照创作者的意图组织起来，就会出现具有一定意义的音乐线条，即旋律。旋律是创造音乐形象最重要的手段，最能吸引人们的注意。

健美操音乐中的乐音是根据不同音高从低向高排列的，可以将这些音划分成三个音区，低音区浑厚低沉，中音区温暖柔和，高音区华丽嘹亮。旋律的进行产生反差，旋律又利用不同音的长短和强弱变化，形成了跌宕起伏的变化。健美操教师可以参考旋律的风格和起伏变化，确定动作风格。例如，如果音乐为摇滚乐，就可以选择一些摇滚的素材，音乐加速时学生的动作也随之加速。

（二）句法

音乐的旋律和其他组合因素应该具有条理清晰的句法。音乐中的句子是由小节组成的。一般情况下，两小节为一个乐节，两乐节为一个乐句，前后乐句组成一个乐段，乐句和乐段可以形成一个音乐形象。健美操动作是完整对称的，需要将音乐的句法和动作一一对应，形成相辅相成的关系，不能破坏音乐的句法，以免不协调。

在健美操教学中，常见的破坏句法的错误包括两种：一种是音乐本身是完整的，但音乐的开始和动作的开始是分离的；另一种是在剪辑音乐时破坏了音乐的句法，造成本身完整的动作和音乐相脱离，使学生的听觉与动作错位，从而影响健美操的完整性。

（三）节奏与节拍

节奏是音乐长短的组织关系，节拍是音乐强弱的组合方式。一定的节奏和节拍与一定的题材相关。例如，迪斯科音乐一般使用单音拍，进行曲一般使用双音拍。健美操的动作节奏要与音乐节奏一致，尤其是在重拍上。通常，健美操的八拍与音乐节奏是相对应的，动作的一拍对应音乐的一拍。如果选择单节拍音乐，动作的八拍和音乐的八拍是一致的；如果选择双节拍的音乐，动作的八拍则与音乐四小节相对应。

通常情况下，健美操作品中会综合利用音乐的各种基本表现手段。健美操教师应掌握这些基本表现手段，并将其传授给学生，让学生对健美操音乐有一个更为清晰的了解，只有这样才能更好地让动作与音乐有机融合。

第八章　不同视角下高校健美操教学发展研究

第一节　实用教学视角下高校健美操教学的发展研究

一、实用性教学模式相关概念

（一）实用性教学模式

教学模式是一种在一定的教学思想或理论指导下进行的较为稳定的教学活动和教学结构框架的程序。教学模式的作用和功能是保证教学各环节、教学环节内部各要素之间相互配合良好、相互衔接紧密，进而保证教学工作有序进行。实用性教学模式更加注重教学模式的实践效果，具有更强的可操作性和教学有序性。

一个完整的教学模式一般由教学目标、教学程序、教学条件、教学过程以及教学评价构成。教学模式有着时刻监督把控教学各环节施行标准、保持各环节教学进度正常的作用。

（二）健美操的实用性教学模式

健美操的实用性教学模式具有以下几个特点。

第一，指向性。健美操教学的指向性是指为了保证学生的基本锻炼需求，使学生身心健康发展，促进学生学习能力的提高，培养学生的创新能力和艺术感。

第二，操作性。健美操作为一项体育运动，有着很强的可操作性和实践性。健美操不仅仅是一门理论课，它更加注重学生的正确实践。

第三，完整性。由于健美操具有体育、音乐、舞蹈等各学科的特点，因而良好的健美操表演应该是完整的、优美的、发人深省的。

第四，稳定性。学生通过参加健美操锻炼，不断掌握健美操练习的技能，进而实现了自身体育技能的提高，德、智、体、美得到了全面发展，因而健美操具有稳定性。

第五，灵活性。为了保证健美操教学模式对教学目标、教学内容、教学进步、教学特点以及学生感受的把控，健美操的教学模式需要在教学工作的不断进行中做适当的调整，以保证教学模式的不过时与实效性，因而健美操的教学模式应是灵活的、可调节的教学模式。

二、高校健美操实用性教学模式探析

（一）健美操实用性教学模式之开放性教学模式

开放性教学模式包括教学内容、教学方法以及教学形式等多重环节的开放。开放性教学模式讲究解放学生天性，不拘泥于课堂，对于健美操教学来说更是如此。开放的思维和教学观念有利于培养学生的创新思维和能力，有利于提高学生参与社会实践、解决问题的能力。

健美操的开放性教学模式要求学生与教师的共同开放。一方面，教师要做好示范作用，积极引导学生学习健美操；另一方面，学生要充分利用自身自由做主的权利，积极进行健美操创新，以便更好地融入健美操并诠释健美操。师生之间的相互"开放"摆脱了传统教学的耳提面命，树立了平等的师生观念，有利于学生私下向教师进行技能请教，有利于学生之间相互切磋等。

总之，开放性的健美操教学模式是一种实用的教学模式。它能够提高学生对练习健美操的兴趣，提高学生练习健美操的信心，能够培养学生的艺术鉴赏力，提高学生对健美操的创编能力，对于提高学生的合作意识与合作能力等也有很大的帮助。

（二）健美操实用性教学模式之合作型教学模式

1.合作教学模式的概念

合作教学模式不同于以往的教师教授、学生被动接受的传统教学模式，它强调的是群体动力，教师并不在其中占据主导地位，仅仅是辅助学生自发组成学习小组。教师通过创建一系列的教学主题，促进小组内部成员间的团结合作以及增加各小组间的竞争，充分发挥健美操教学中各个主体的能动作用，紧密彼此联系。同时，它的评价尺度也不仅仅是注重个人能力与进步，更重要的是着眼于个体对小组的贡献度。

2.高校健美操教学中运用合作教学模式的意义

（1）提高学生的学习热情。学习小组是教师根据一定原则或同学们自我组织起来的。作为一个团队，由于存在着与其他学习小组之间的竞争，小组内部必然会自发地进行相互监督与学习。组员之间的相互交流增多，对比教师的单方面教授，这样的活泼的课堂氛围促使健美操教学由被动转化为主动，学生能够对健美操的相关知识和技能有更为深刻的理解与认识。

（2）增强学生的综合能力。如若在健美操课堂中引进合作学习模式，大家能在学习中学会合作，在合作中你追我赶，相互切磋请教，不断创新健美操的组合模式，完善各种高难度动作，进而达到 1+1>2 的效果。

（3）提升学生的人文素养。采用合作教学模式，组内成员在日常练习中的交流明显增多，巩固了成员间的友谊，提升了学生与人交往的能力，有利于学生走向社会。同时，由于组内成员相较于一个班的人数而言是较少的，组内成员可以在课外更有效地组织练习，进行体育训练的时间明显增加，不仅可以有效提高健美操运动的业务能力，而且能增强身体素质。各合作小组之间存在的激烈竞争使得各组成员的集体荣誉感增强，团队精神得到进一步发扬。

（4）缩短师生间的距离。在合作教学模式下，教师成为协助学生的引导者，学生成了课堂的主角。课堂倡导学生间的合作互助行为。教师指导帮助学生完成学习任务，他的一切行为都是建议性的，而非命令性的，这使得师生心灵之间的距离缩短，有利于培养新型师生关系。

（5）培养学生的创新能力与合作精神。在合作学习模式中，由于学生是课堂的主体，教师只是起到协助作用，因而为了提升自己，使自己不落后于其他同学，大家彼此之间必然积极进行相互学习合作。同时，为了提升自己小组的水平，同学之间也会主动帮助较为落后的学生，避免出现短板效应。大家在训练中相互磨合和进步，团队合作意识进一步增强，可以更好地达到高校教育的目的。

3.高校健美操教学中合作教学模式的应用原则

（1）导练结合原则。学生的"练"离不开教师的"导"。教师通过"导"，使学生可以更快地进入教学情况，并及时在小组学习中发现问题、解决问题，更好地掌握正确的健美操技术技能。

（2）合理分组原则。教师要在对学生全面了解的基础上，依据当堂课的练习情况，对学生进行异质分组，即按照能力的均匀搭配原则对学生进行合理的分组，以保证活动顺利开展。

（3）适时点评原则。在运用合作模式进行高校健美操教学时，教师要在小组合作学习一段时间后，及时组织各组演练，并针对演练中出现的问题提出自己的意见和建议。

4.高校健美操教学中实施合作教学模式的策略

（1）完善健美操训练环境。当前，高校健美操教学中，各种教学设施尚存在一定缺陷，教师应有意识地为学生完善健美操训练环境，让学生在学习健美操的过程中能够接受更加完备的健美操环境的熏陶，利用设施设备进行更为标准的健美操训练。同时，教师应为学生提供进行合作学习的环境与设备。在当前高等教育中，由于健美操仅仅是高校体育教学中的一个较小项目，受重视程度较小，因而健美操训练的许多必备设施不完善，如一些健美操项目所需的轻器械缺乏等。此外，在进行健美操教学时，学生的训练场地往往都是篮球场、足球场等空地，没有专门的针对性训练场地，学生要忍受这些场地对该训练类型的非针对性。这也使得学生在进行合作学习时不能很好地克服场地问题，如针对双人健美操、集体健美操，教师不能灵活指定训练地点，而需要考虑该场地的特点，并结合学生的合作训练内容与模式进行安排。同时，在合作学习模式中，教师应考虑学生组合的配合性，为学生选择适合合作分工训练的场地、设施等，让学生的训练过程不会因为外部因素的局限性而不能有效开展。不可否认的是，由于教学理念与设施不到位，在进行健美操教学时，教师往往采取集体训练的方式来尝试带动学生一起学习，以节省时间，并给予学生更多自由练习的机会，这种教学方式也使得学生不能有效结合自身情况来灵活学习动作与技巧，而合作学习则给学生提供交流与互帮互助、消化教师所教授内容的机会。因此，完善健美操训练环境是开展合作学习所必须采取的策略。

（2）尊重学生主体地位。在开展高校健美操合作学习的过程中，教师应认识到进行合作学习的目的就是让学生在学习的过程中既能接受教师的指导与鼓励，又能发挥自身独立性，在自己的琢磨、训练及与同伴的交流与鼓励中将这一体育训练变得更加具备自己的特点，彰显自身独立性。众所周知，体育训练具有统一的标准，学生要按照标准进行练习，但在这一过程中总是不可避免地存在许多局限性。例如，因学生身体构造存在细微差异以及耐力、柔韧性不同等，面对健美操练习中的一个标准动作，有的学生能够做得与示范动作一样标准，但有的学生则受限于身体机能总是差点火候。对于这种情况，教师只能为学生提出建议，并鼓励学生思考如何将这一动作做得更加标准、连贯、优美，展现力量美。而在学生进行日常训练时，教师是不能做到面面俱到的。针对这种情况，教师应考虑学生团队合作的重要性。首先，教师应认识到因为自身的专业性，且已脱离健美操训练初期的时间太久，在学生陷入某些动作瓶颈时，自己能够给出建议，却很少能够感同身受地与学生共同去探究怎样将这一动作逐步演绎到完美。而合作学习则能够给学生提供一个交流的场所与机会，学生可以与同伴一同交流自己在训练中出现的问题，并且及时解决。其次，基于同伴友谊与健美操训练的团队性，学生之间更有必要以极高的积极性进行交谈与沟通。由此可见，教师应尊重学生的主体地位，让学生在健美操合作学习中逐渐认识到体育锻炼的个性化特征，让学生学会将健美操标准动作针对个人特点进行定制化，提升学生对健美操的理解能力。

（3）合作促进交流与创新。在进行高校健美操教学的过程中，教师应认识到让学生通过合作学习来进行健美操练习不仅仅能促进其学习效率的提升、督促学生进行及时的训练，更能让学生从与同辈交流的过程中获得灵感、互相启发，进一步促进学生创新，促使学生保持较高的学习热情，让学生不仅仅是学习健美操，更是将其作为一项具有探究与创新意义的内容去钻研。教师应意识到学生的创新应建立在其对健美操基础动作掌握到一定程度的基础上，因而教师应鼓励学生打好健美操基础。对于创新，学生的理解可能仅仅是从现有的动作出发进行进一步的升级，这种创新方式会使学生不遵循现有的健美操锻炼规律，一味投机取巧，难免会陷入训练的误区。因此，在进行合作交流时，教师应鼓励学生从现有的健美操训练中积极吸取经验，让学生根据训练过程进行广泛的交流。在教师主导健美操课堂时，学生可能会为了每一个动作的标准与整齐划一效果而战战兢兢，只想做好当下的训练，而将课堂交给学生则会让学生在轻松愉悦的氛围中感受到健美操的趣味性，学生会思考如何更好地展现力量美，并将此作为交流内容去商讨与实践。合作学习不仅适用于文化课的学习，更能在体育课堂上发挥凝聚力与感染力的作用，引导学生积极参与互动，让学生愿意尝试、进行积极的创新，展现自我，在合作中实现集体价值、展现个性美。

（4）开展多样化健美操活动。在开展高校健美操教学的过程中，教师应认识到日常课堂教学尽管能够给学生提供系统化学习与交流的机会，但从课堂上难以看出学生在面临紧张气氛时是否能够做到动作标准、神情自如、尽情展现自己的风采。教师应利用健美操活动来调动学生积极性，引导学生参与健美操训练，让学生从中进行训练，提升能力。例如，教师可以利用学校运动会等时机来让学生在课上进行训练，并为学生争取表演的机会，以激发学生进行训练的动力。为了更好地展现健美操运动的热情、青春、活力，学生会在与团队合作的过程中互相督促，在小组内指导各自的动作，在互帮互助的友好交流氛围中逐步实现紧密配合，形成一个关联密切的群体。此外，在日常教学中，教师也应鼓励学生积极以小组的形式参与各种活动。在与健美操相关的活动拓展中，教师应引导学生在准备与参与这类活动中感受到团队合作紧张而兴奋的感觉，使学生燃起集体荣誉感，愿意为了健美操训练而共同努力。健美操训练不仅仅考查学生自身随着音乐进行体操训练的能力，更彰显了学生之间的团结紧密关系、配合一致程度。日常学习中的团队合作还不能让学生认识到衔接性的配合对于健美操整体训练效果的呈现程度的影响，而通过健美操活动，学生则能够从实际的训练中认识到合作学习的重要性。

（三）健美操实用性教学模式之俱乐部型教学模式

1.健美操俱乐部教学模式的优势

（1）有利于培养学生的终身体育兴趣。开放性的健美操俱乐部教学模式为学生的个性发展提供了充足的空间，学生不再被局限在课堂中，而是在音乐的节奏下，欣赏教练和同伴的标准动作，有利于摆脱紧张的课堂气氛。健美操俱乐部教学模式具有分层分流的教学特点，不会受到班级和教学内容的限制，学生根据自身的兴趣选择一种或几种体育俱乐部教学，并在这些教学活动中积极担任不同角色。健美操俱乐部教学可以充分激发学生的锻炼热情，使学生体验健美操锻炼中的乐趣。此外，健美操俱乐部教学模式会组织形式多样的表演和竞赛等活动，鼓励学生充分展示自身的特长，培养学生团结协作的能力，使学生建立良好的心理素质，增强合作和竞争意识。快乐的俱乐部教学模式，可以满足学生的不同体育兴趣，有利于培养学生的终身体育兴趣。

（2）实现个性化学习和因材施教。健美操俱乐部的教学模式打破了以往以运动技术水平简单分班的不足，学生可以根据自身的身体素质和兴趣爱好选择喜爱的体育项目，这样既尊重了学生的个体特征和差异，又可以最大程度地调动学生学习的积极性，能有效地弥补传统体育教学的不足。俱乐部教学内容的丰富和项目的多样性能够满足学生对健美操课程选择的需要。灵活的俱乐部课程选择，拓宽了学生个性化的学习空间。在健美操俱乐部教学模式下，针对不同学生对健美操学习的选择，教师根据学生身体素质和掌握内容的不同分组施教，既能提高学生自主学习的积极性，又能发挥学生的兴趣优势，使教学过程更加个性化和人本化。

（3）丰富校园文化建设。高校健美操俱乐部教学模式在有目的、有计划开设健美操专项教学的同时，安排和举办内容丰富的健美操表演、健美操比赛、运动员培训等活动，对提高高校健美操运动水平具有显著的作用，有利于营造浓厚的校园体育运动氛围，从而丰富校园文化建设。开展健美操俱乐部活动时，学生通过欣赏和参与健美操表演或比赛，不仅可以提高健美操运动能力，也可以陶冶情操，愉悦身心，拓展体育人文知识，加强自身的社交能力、体育管理能力等。健美操俱乐部教学模式对于优化学校管理、丰富校园文化建设都具有积极的促进作用。

（4）优化教师整体素质，强化竞争与协作意识。在俱乐部教学过程中，学生可以自由择师，并可进行自主评价，这无疑给体育教师带来较大的竞争压力。此外，健美操俱乐部教学需要与时俱进，及时更新教学方法和内容，对健美操教师的专业能力、考核能力、管理能力等综合素质都有较大的挑战。教学压力和环境影响下，健美操教师之间互相学习、互相督促和合作协作的能力得到锻炼，从而提升了健美操师资队伍的整体素质。另外，健美操俱乐部教学具有课程多元化、内容多层次化、活动丰富化等特点，需要教师胜任两门或两门以上课程的教学任务，激烈的竞争氛围充分调动了教师提升专业水平的积极性，对于提高健美操教学质量有显著的推动作用。

2. 高校健美操俱乐部教学模式和教学过程

高校健美操俱乐部教学模式和教学过程，如图 8-1 所示。

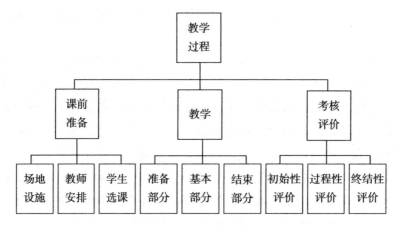

图 8-1　健美操俱乐部教学模式和教学过程结构图

（1）课前准备。健美操俱乐部教学模式的课前准备主要包含以下部分：场地设施、教师安排、学生选课。健美操俱乐部教学模式一般采用固定的师资队伍、固定的课型和固定的场地，教学内容可参考教学大纲、形体训练、大众健身操推广套路等。学生通过互联网查阅教师授课视频和教师资料选择适合自己的课程，学生选课具有自主性特点。最后，健美操俱乐部教学模式根据学校的实际情况最优化调配和利用设施、场地，一般按照正常上课时间安排。

（2）教学。健美操俱乐部教学模式在教学内容的选取上更加注重学生的能力培养和学习带来的乐趣，选择一些简单易行且具有较高健身作用的套路作为教学内容，让学生能够在课堂上真正体会到健美操运动的魅力，培养学生的自信心，让学生变被动学习为主动参与。健美操俱乐部教学中，教师的主体与学生的主体相结合，结合学生的实际与社会的需要使健美操教学富有趣味性和新颖性，使学生的创新思维更好地发挥出来。与传统健美操教学模式不同，其在教学组织形式和方法上都有显著的改革和完善，不再按照传统的讲解、示范、练习等教学步骤进行教学，而是在连续的音乐播放中学习动作、改正动作、完善动作，旨在提高学生心肺能力和体质健康水平。教学内容方面，健美操俱乐部教学模式不再一味强调成套的动作练习，而是在健身动作练习中，注重健美操理论知识体系的掌握，课程内容主要包含健美操基本理论知识（起源、特点、发展），健美操不同风格的操课知识、动作创编，健美操的欣赏（国内外健美操竞赛知识），健美操运动健身、保健、医疗理论知识。教师根据学生的实际情况制定健美操锻炼计划、培养动作创编能力等。如图 8-1 所示，教学主要分为三个部分，准备部分主要采用缓慢的节奏进行基本步法练习，加深学生对本课内容的了解，一般为 10 ～ 15 分钟热身；基本部分则是在较快的音乐节奏下，采用循序渐进、由浅入深等教学规律传授给学生连贯的动作，根据健美操动作难易度控制在 1 ～ 2 个组合；结束部分主要引导学生放松、整理和反思动作。整个教学中要贯穿健美操理论知识的传授，如在基本部分可传授健美操的健身原理，结束部分可讲述健美操的保健和医疗知识。

（3）考核评价。第一，注重教学评价。教学评价是对教学效果的检验，是决定教学质量改进和完善的参考标准之一，教学评价在健美操教学中占有重要位置。健美操俱乐部教学模式不仅可以使学生全面掌握健美操知识，还可以有效地改革教学手段和方法，同时可以衡量教学目标的完成情况。健美操俱乐部教学模式的评价体系包含初始性评价、过程性评价和终结性评价三个部分，具有科学系统性。这一评价体系不仅关注学生对健美操技能的掌握结果，而且更加注重学生的健美操学习过程。健美操俱乐部教学模式的考核方式符合"健康第一"指导思想，始终将增强体质健康水平作为主要教学目的，在摒弃传统健美操以动作技术为考核的方法后，学生更能体验到健美操学习中的乐趣，有利于培养学生的终身体育习惯。第二，教学内容设计。考核内容的设计应与体育教学目标保持一致，以促进学生身体健康、培养终身体育习惯为指导目标，着力于学生综合素质的培养和发展，充实考核内容。在健美操俱乐部教学实施过程中，高校应以终身体育思想为指导，研究开发适合本校学生的俱乐部教学模式，激发学生的学习兴趣，培养学生自主学习的能力。

第二节　创新教育视角下高校健美操教学的发展研究

一、创新与教育的关系

教育的基本任务是使人得到全面发展，包括高尚而又完整的人格的培养、知识的学习和技能的掌握，使受教育者富有创新精神和创新能力，使其人生快乐、幸福，对社会有益、有价值。面对即将到来的新经济时代，要达到这个目标，为社会培养出更多的栋梁，我们的教育观念一定要创新。

创新教育是素质教育的核心。人类通过劳动不仅创造了自身，而且创造了世界。没有创造，就没有人类的发展。创造是指前所未有的发明或发现，是产生某种具有新颖、独特的社会或个人价值的行为或思想。而创新除包含创造的含义外，还指对原有的事物予以重新组合或对已有知识的再发现。因此，创新的内涵更丰富，外延也更广阔，更适合教育的实际。创新教育是一种以培养创新型人才为教育目标的新型教育。人的素质是由先天遗传和后天教育相互作用而形成的相对稳定的个性心理品质。知识和能力的内化形成素质，内隐的素质外显就表现为能力，而创造力是人的基本素质的综合体现。因此，素质教育应以培养创新精神和实践能力为核心。在中小学阶段就应以培养创新精神为主，鼓励和激发学生的好奇心、求知欲望和探索精神；大学阶段以创新能力的培养和训练为主，把创新精神与实践活动相结合，培养大学生的创业能力，到了硕士和博士研究生阶段，则应以科研创造成果为主。

除此之外，要树立人文素质教育同科学教育、技能培训三位一体的观念。科学技术的日新月异与知识经济的发展，使科学教育与技能培训具有了全新的意义。现代社会已进入知识和技术时代，人们普遍认为，只掌握"第一种文化"（主要指阅读和写作能力），而不具备"第二种文化"（掌握计算机语言和编制程序软件的能力）者，将是未来的文盲。由此可见科学技术的重要性。但科学技术是一把双刃剑，它在给人类创造物质财富的同时，也给人类带来了不安和迷惘。因此，教育应该培养具备最高价值观念、能够区分目的和手段、掌握先进技术的有文化教养的人。近几年，我国教育做了大量而深刻的改革，特别是自倡导素质教育以来，应试教育的弊端在努力被纠正。素质教育的中心应该是对学生实施人文、科学、技能三位一体的教育，使学生能够"在作为方法的科学技术与人类生活、行动目的的价值观念之间建立平衡"。立足于素质教育，我国各种层次、各种类型的教育，都应积极探索、调整课程结构，整合教学内容，加强人文素养的培育，注重在科学技术教育中对科学精神、思维方式和创造能力的培养。

二、创新教育思想的主要观点

（一）创新是知识经济时代教育的基本职能

由农业时代发展到工业时代，再由工业时代向知识经济时代过渡，是人类社会生产力发展的必然趋势。生产力发展水平决定经济发展水平，生产力和经济发展水平决定教育发展水平。由于各个时代的生产力发展水平和条件有差异，这就决定了在不同的时代——农业时代、工业时代和知识经济时代，教育具有不同的基本职能。

1. 农业时代教育的基本职能：对知识的继承和积累

以原始农业、畜牧业的出现为标志，人类进入了农业时代。在数千年的农业经济时代，水、阳光和土地是人类利用的主要自然资源，农业、畜牧业和家庭手工业是主要生产方式，90% 以上的社会成员从事农业生产。虽然人们征服自然、改造自然的能力增强了，但当时的生产力还非常低下。

在这样的生产力状况下，教育的基本职能是对知识和经验的继承和积累。农业时代，由于生产力水平低，人类生产主要依靠个人的体力和经验，不需要更多的科学文化知识，文盲也能进行生产。因此，生产力的发展还没有向学校教育提出培养有文化的劳动者的要求。而且，生产经验大部分掌握在个人手中，培养社会劳动者只能通过个人之间的传授进行。人类通过不断继承、不断积累来接受知识和经验。因此，在这个时代，虽然教育的内容日益丰富起来，但在形式上仍然是封闭式的，教育的基本职能就是对知识的继承和积累。

2. 工业时代教育的基本职能：对知识的普及和扩张

到了 18 世纪中叶，以自动纺织机和蒸汽机为标志的英国资产阶级工业革命揭开了人类工业时代的序幕。机器大生产逐渐代替了人的体力劳动，经济得到了迅速发展。200 多年的工业经济时代虽然不算长，却创造了农业经济时代不可比拟的物质文明。工业经济的主要生产要素是自然资源（农业原料和工业原料）、大机器和掌握工业生产知识与技能的人。伴随着资本主义的发展和壮大，它的经济市场迅速拓展到全球范围。与这个时代相适应，教育实现了现代化：内容丰富多彩，形式日益多样化，手段现代化。工业时代的技术革命，使得整个生产过程经常发生根本性的变化，这对劳动者的素质及其教育水平不断提出新的要求。大机器生产，不仅要求扩大劳动者的数量，而更重要的是要提高劳动者的质量，由此，教育的发展也出现了新的特点。资本主义实行机器大生产以后，要求工人有文化知识，懂得一些生产知识，掌握一定的操作机器的技能。于是，随着现代生产的发展以及对劳动者智力因素的要求的日益提高，普及教育的年限也不断向后延长。目前，发达资本主义国家的教育已基本普及到高中，我国也已实施了九年制义务教育。在这个时代，教育的主要职能是对知识的普及和扩张。

3. 知识经济时代教育的基本职能：对知识的创新和探索

以计算机的出现为标志，人类开始了一个新的时代——知识经济时代。20 世纪 80 年代以来，由于微电子光电技术、计算机技术、光纤和卫星通信以及全球网络技术、多媒体技术的飞速发展，以信息获取、储存、传输、处理、演示的技术和装备以及信息服务为内容的信息产业迅速崛起，已成为发展最快、规模最大的新兴产业。信息科技对科学技术和社会各行业具有广泛的渗透力，改变了人们日常生活的方方面面，导致了整个社会的生产方式、生活方式甚至文化观念的深刻变化。而这一切实际上都是人类进入知识经济时代的序幕和前奏。与这种新的经济时代相适应，教育的职能也必须做出相应的转变。

总部设在巴黎的世界经济合作和发展组织于 1996 年发表了《以知识为基础的经济》的报告，第一次给"知识经济"下了完整的定义：知识经济是建立在知识和信息的生产、分配和使用基础上的经济。在知识经济时代，知识和信息的作用越来越大，人的素质、技能特别是知识创新成为知识经济实现的先决条件；不断创新的知识就是财富，就是生产力，是经济增长的源泉和推动力量。在这个时代，教育的职能主要就是对知识的创新和探索。

（二）教育在知识创新事业中的地位和作用

1. 教育是知识创新、传播和应用的主要基础

在关于知识经济的著述中，大都会提及教育所处的地位及其作用。一种观点认为，教育在知识经济中的作用主要是传播知识，认为教育可以把科学系统创造的知识传播开来，使之广为人知；另一种观点认为，教育在知识经济中的作用主要是知识的生产，即知识的创新，认为教育特别是高等教育机构作为科学系统的核心，可以不断地发现和提供新知识，为知识经济的发展提供不竭源泉。

无疑，这两种观点都有一定的偏颇之处。前者与知识经济的要求不适应，因为知识经济的一个根本特点就是创新，只有不断创新，才能跻身于科学前沿领域，站在科技发展的制高点上。如果把教育的作用仅仅看作传播知识，势必忽视受教育者创新能力的培养，影响教育在知识生产中的效用。与前者相反，后者仅把视野集中在知识生产上，从而忽视了教育在知识传播中的独特作用。应该看到，教育在知识传播中有着自己得天独厚的优势。例如，教育可以对知识加以选择、整理和融合，并且以受教育者易于接受的方式进行传播；教育过程中可随时接受来自各方面的反馈，进行不断的修正；传播者往往"闻道在先"，值得信赖，受教育者在与其互动的过程中，就有意无意地继承了他所传播的知识；班级授课制、远距离教学等多种组织形式，可以将知识大范围地向外扩散；等等。这一切都为知识的传播铺设了道路，也使受教育者成为知识的占有者和自身智力资源的开发者。

总之，在知识经济中，教育的知识传播和知识创新两种功能都不能偏废。在一定意义上说，知识经济的各个环节都与教育密切相关，是以教育为依托的。知识何以产生？知识何以传播扩散？知识何以运用于生产过程？诸如此类的问题，都将教育与知识经济紧密地结合在一起。要产生新的知识，需要人们具有一定的创新能力，知晓知识创新的探究过程，掌握前人在该领域所达到的成果，离开教育，显然是办不到的；要使新知识、新技术广为人

知，扩大它的影响，使个人的发明创造成为众人共享的资源，离开了教育，无论是传播的受众面，还是传播的深度，都会大打折扣；新知识、新技术还是一种潜在的生产力，人们只有掌握它，并在生产过程中运用它，才能使之成为经济发展的源泉，由间接的生产力转化为直接的生产力。综上所述，我们可以知道，教育是知识创新、知识传播和知识应用的重要基础。

2. 教育是培养创新精神和创新人才的重要摇篮

传统的观念认为，教育的最大功能是韩愈所谓的"传道授业解惑"，即传播知识。但是，随着知识经济时代的到来，教育除具有传播知识的功能外，还具有培养创新精神和创新人才的功能。教育是培养创新精神和创新人才的重要摇篮。

首先，创新精神和创新人才的培养是知识经济对教育提出的新使命。知识经济时代的汹涌而来，使得一个人、一个企业乃至一个国家要想永远立于不败之地，就必须实现知识的不断创新，培养创新人才，创新素质将成为人的发展的核心素质。因此，我们提出全面实施素质教育，以培养学生的创新精神为重点，这也是知识经济对教育提出的新要求，即教育要培养人的创新精神。

其次，教育具有培养创新精神和创新人才的功能。人的发展是个体社会化的过程。从自然的人转化为社会的人，根本途径在于教育。人的自然遗传只是为人的发展提供了潜在的基础，其个性的发展、潜质的显现、性向的确定、兴趣爱好的养成均离不开后天教育的引导和影响。什么样的教育塑造什么样的人。知识经济时代的教育是以培养学生的创新精神和实践能力为重点的素质教育，教育必须承担起其培养创新精神和创新人才的责任。

最后，现代科学技术的发展为教育培养创新精神和创新人才提供了条件。现代科学技术的发展使学校教育的教学内容、工具、方法等方面更具有知识经济时代的特征，并且为学校教育提供了更加适应知识经济要求的条件。现代微电子技术、计算机技术、多媒体技术和全球网络化技术，将对学校教育产生极其深刻的影响。计算机网络和多媒体技术将成为教育和科研机构不可替代的基础平台和学习手段，成为提供全球性教育服务的渠道和方式。因此这一切，也为培养创新精神和创新人才提供了很好的条件。

三、高校健美操教学中学生创新能力的构建

健美操是根据练习者的生理和心理特点，以身体练习为基本手段，以有氧运动为基础，在音乐伴奏下进行练习，以达到增进健康、塑造形体、陶冶情操的一项体育运动。健美操要求人体各部位协调配合，快节奏、多变化、动作轨迹的增加、动作节奏的变化、动作方向的非一致性以及运动之间的非同步是健美操运动的特点。这些项目特征决定了健美操运动要永远保持旺盛的生命力，必须赋予它创新的内涵，这就为学生创新能力的构建提供了内在动力。

创新能力的构建包括创新意识、创新思维和创新技能这三个方面的内容，这三者相辅相成，创新意识是前提，创新思维是核心，创新技能是结果。在健美操教学中培养学生的创新能力主要从激发学生创新意识、活跃学生创新思维、提高学生创新技能等几个方面入手，从而达到培养学生创新能力的目的，如图 8-2 所示。

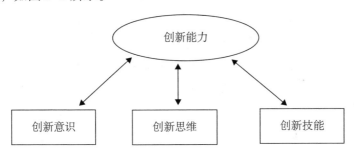

图 8-2　创新能力图示

创新意识是指人们根据社会和个体生活发展的需要，引起创造前所未有的事物或观念的动机，并在创造活动中表现出的意向、愿望和设想。它是人类意识活动中的一种积极的、富有成果性的表现形式，是人们进行创新活动的出发点和内在动力。创新意识包括好奇心、求知欲、自信心、进取心等心理品质。心理学认为，学习动机的激发主要是在教学过程中进行的。心理学研究表明，人的活动都是在一定的动机支配下进行的。因此，在健美操教学中培养和发展学生的创新能力，必须激发动机，培养学生的创新意识。在健美操教学中培养创新意识既是学生进行创新学习的起点，又是教师创新教学的开端。从创新实验教学中可以观察到，学生对新事物特别感兴趣。教师应该抓住这一特点，在

健美操教学中采用生动活泼的教学形式，调动学生的积极性，充分发挥学生的主体作用，使学生在了解和掌握健美操基本动作的同时，掌握健美操动作千变万化的由来和规律；使学生在获得健美操知识的同时，参与创作和设计，并体验成功带来的喜悦。在健美操教学中有的放矢，调动一切有利因素就能激发创新动机，培养学生的创新意识，收到良好的教学效果。

创新思维是指对事物间的联系进行前所未有的思考，从而创造出新事物的思维方法，是一切具有崭新内容的思维形式的总和。一切需要创新的活动都离不开思考，离不开创新思维，可以说，创新思维是一切创新活动的开始。目前，我们推行的素质教育重视学生科学思维的方法和能力的培养，认为这一点比向学生传播知识更为重要。在健美操创新教学中要注意保持学生的好奇心，使他们养成积极思考、敢于质疑、善于实践、敢于创新的学习品质，在已知的概念、形象基础上进行分析、综合、判断和推理，根据自身的特点创造出适合自己的技术、表现力等。比如，在健美操教学中，可以将已有的动作配合不同的音乐同时进行适当的改动，或将动作重新改编并使用器械进行练习，使学生在一个开放的环境中进行练习，使其思维更加活跃，更愿意动手动脑去练习。

创新技能是指学生自我设计和创编动作的能力，这也是对创新能力的检验。在健美操教学中，培养学生的动作创新能力有着十分重要的意义。所谓动作创新是根据动作的需要在原有的动作基础上加以创新，并带有创造性思维地编排健美操的一种能力。教师应依据学生的个体能力制定出培养大学生动作创新能力的具体步骤、目标、方法和要求。从人体的生理结构看，健美操的基本动作数量是有限的。从动作技能构成因素和健美操套路形成规律来看，健美操基本动作的变化是无穷的。掌握了这一规律，就可以培养学生丰富的动作创新想象力，从不同的方位、角度和动作的基本要素方面引导学生思考问题，分析动作的结构，从而获得动作的多样化改编，并运用音乐、队形变化等给健美操动作注入丰富的内涵和个人风格，使所创动作生动活泼、有灵魂。

学生创新能力的构建具体实施情况如下：首先，通过创新教学实验对高校健美操教学的内容加以选择和优化，提高学生的学习兴趣和学习自主性；其次，对教学方法加以改革与创新，启发学生思维，把所学的知识变成认知，加深理解；最后，通过课堂记录、问卷调查统计、成绩评定结果等从创新教学实验中对学生创新意识、创新思维、创新技能几个方面的影响结果进行分析。

四、高校健美操教学中学生创新能力培养的教学内容

增加学生创新能力培养的教学内容，可以有效提高学生学习的兴趣和学习的自主性，培养学生的创新能力。对于高校大学生健美操教学来说，可以增加以下内容，见表8-1所示。

表8-1　高校健美操创新能力培养教学内容

阶段学期	第一学期	第二学期
教学阶段	（1）身体各部位基本姿态、基本动作的教学 （2）健美操创编的基本理论、原则、步骤及方法 （3）健美操成套动作的教学 （4）观赏健美操比赛录像，提高学生的欣赏能力，丰富教学与创作素材 （5）课下安排查阅资料、看录像、创编小组组合动作	（1）各种不同风格、不同目的、不同针对性的组合动作教学 （2）学生观赏自编健美操录像，教师进行点评 （3）收集、查阅、整理资料（包括动作、音乐等） （4）创编成套健美操
学生创编阶段	（1）以健美操基本动作为素材进行单个动作的创编 （2）学生自由组合，3～5人为一组进行小组组合动作的创编 （3）在不改变动作及音乐的情况下，进行不得少于4次的简单队形变化 （4）交书面队形变化图例及组合动作图解及说明 （5）观摩录像并点评	（1）学生3～5人为一组，按照身体各部位分配创编内容，经教师帮助修改后，由创编学生轮流教授全班同学 （2）学生自由组合，3～5人为一组自编一套健美操 （3）提出创编要求，音乐节奏20～24拍/10秒，健美操的七种基本步伐，时间3分30秒～4分，同时要求开头与结尾造型新颖，动作与音乐风格保持一致 （4）开展自编操教学竞赛，根据学生评价排定名次，由教师对动作的创新、编排的流畅新颖、音乐的选编进行特长加分

续 表

阶段学期	第一学期	第二学期
考核阶段	（1）交书面队形变化图例及开头、结尾造型设计图样，并用语言表述 （2）表演所学成套健美操，并按书面队形变化加开头与结尾的造型 （3）教师根据学生表演动作的完成情况，对编排队形的设计、乐感、力度及表现力进行综合评分，并就存在的问题进行现场点评	（1）学生交书面成套健美操动作图例及动作说明，并用语言叙述所编操的名称、节数、风格、特点、运动强度、对身体各部位的特殊要求 （2）学生表演全班组成的健美操 （3）学生表演（考试）自编健美操 （4）教考分离，由其他专业健美操教师根据学生动作的编排、熟练度、协调性、风格及表现力五个方面进行综合评分 （5）观看考试录像并予以点评

教学是教师、学生、课程三位一体的结合体，只有当课程结构更完善、更合理、更切合学生实际和社会发展需要，才能真正意义上地优化课程结构，充分体现学生的主体性作用。

五、高校健美操教学的创新方法

（一）组合创新法

组合创新是指在教师启发诱导下将社会上流行的一些群体运动的动作引入创编的健美操中来。比如，将搏击的步伐及击拳动作技术与健美操的节奏和韵律组合就派生出了搏击健美操；将登山的健身功能与健美操的运动技术组合，就产生了踏板操；将传统拉丁舞的动作和健美操的动作相结合，配以热情奔放、动感十足的拉丁音乐又产生了拉丁健美操；等等。新派生的健美操，就是由不同技术、不同运动特征、不同锻炼功能的运动组合而成的。在教学中的不同学习阶段，教师要安排不同的学习内容，并对学生提出不同的任务和要求，从多维度和多方面来鼓励学生进行动作的创新组合。在进行教学时，要强调师生互动，减少成套动作的学习，增加学生自学的时间。课堂中，学生每学一个动作，教师都要予以启发、诱导，使学生在原动作的基础上，稍加变化就可以形成另外的动作，最后过渡到学生独立思考，创编出新的动作。在这样的学习氛围下，学生在教师的指导下成为学习的主体，不仅能养成自觉动脑、自我锻炼的良好习惯，在离开学校之后，仍能不间断地自学新的动作。教师这样做使学生不但"学会"，而且"会学""乐学"，做到了"授人以渔"。图 8-3 为组合创新法图示。

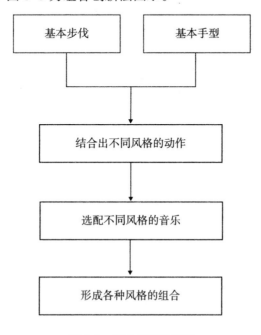

图 8-3　组合创新法图示

（二）角色置换法

角色置换是学生结合自己的实际，围绕"教师角色"参与自主带操的教学实践活动，其实质是主体性体育学习，其目的在于促进学生带着问题去自主学习、思考问题、解决问题，从而提高学生的自主性与主动性。

创新教学改变了以教师为主体的教师怎样教、学生怎样学的传统教学模式，在注重基本动作、基本技术、基本姿态教学的基础上，激发学生学习的自觉性和主动学习的热情，采取个人领操与集体领操相结合的多样化教学形式。课前让学生根据所学的健美操七种基本步伐进行有针对性的编写，每次选两至三种基本步伐，编 8×8 拍的组合动作，并用文字和图解写清楚交给教师。上课时让学生轮流带领准备活动，要求他们分别教会其他同学，并且带领大家一起练习，让学生在自教自学中做完准备活动，也锻炼了学生编操、带操等多方面的能力，促使他们思考如何编操、如何教好本班的同学、如何去编排这些动作。在教学中学习几个动作后，给学生充分自学的时间，让协调性好、学得快的学生去教其他同学，分别指出和纠正其他同学的错误动作，使他们在互帮互学的氛围内，充分调动主观能动性，使得丰富多彩的健美操变得更加生动有趣。在教同学的过程中，学生不仅要通过自己的讲解与示范教会他们，还要按音乐节奏带操。这些实践活动能够激发学生的学习热情，增强学生学习的自信心，培养学生示范、领操、指挥等综合能力，他们的综合能力在锻炼中不断得到提高。每个人都有自主实践的机会，教师对他们所获得的每一点成绩都要及时地进行鼓励，并提出希望，使每一个学生都有所收获，逐步增强学生的自信心。同时，还要进一步推广"愉快教育""成功教育"，培养学生的体育兴趣，充分调动学生的主观能动性，发展学生的个性特点，培养学生的创新意识，提高学生的创新能力。图8-4为角色置换法图示。

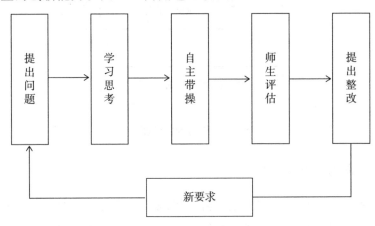

图 8-4　角色置换法图示

（三）竞赛教学法

采用教学竞赛的方法，引入竞争意识，建立自我评价与他人评价相结合的评价标准，检验学生的创新能力。首先，将实验班 3～5 个学生自由组合为一个小组，学生任意选择所学动作自编成串，创编一套不少于 3 分、队形变化不少于 5 次的健身健美操，并且选配好音乐，用文字和图解记好成套动作，到期末考试时让各小组进行表演。根据表现由学生评定得分和名次，所得的分数作为成绩的一部分。再由教师对动作的创新、编排的流畅新颖、音乐的选编进行特长加分，鼓励学生根据自己的个性和特长去创新。学生为了编好这一套操，就要思考一系列的问题，如音乐的选配、动作的构思、队形的变化、同学之间的协作等，他们也会通过各种途径来完成健美操的编写。例如，根据所学的基本动作进行改写和创新，去图书馆查阅健美操方面的资料，通过观看 VCD 学习健美操动作，或者向高年级的同学请教等。成套健美操编好之后，他们还要互相教会，这就为学生提供了参与教学的机会，出现了一批"小老师"，形成了互帮互练的学习风气，既促进了学生整体水平的提高，又培养了学生的集体荣誉感和同学之间的团结协作精神，同时也培养了学生的创新能力。通过集体表演和竞赛，他们的才能得到了较好的发挥和展现。

学习评价是整个教育评价的核心。通过学习评价不仅可以了解教师的教学情况，而且可以了解学生的学习情况，既有利于教师改进教学，也有利于学生进一步学习。为了使学生自我评价能力得到肯定，并检查教学的质量及完成情况，在健美操教学中采用学生自我评价与教师评价相结合的评价方式。对于健美操教学的考核及成绩的评定，突出对学生创新能力的评价，重点强调对已学的健美操基本知识、基本技术、基本技能的运用。为了自评和他人评价更具有客观性，制定了考核评价标准，即四级评价标准，见表 8-2 所示。

表 8-2　学习评价表

级数	评价	标准
一级	优秀	能够根据已学的知识大胆创新，自己编排健美操动作，且能出色表演，表现欲望强，有一定的感染力，动作正确，姿态保持好
二级	良好	在教师的指导下有所创新，有一定的表演欲望，借助其他途径能完成健美操编排，且能完成动作
三级	一般	在教师的指导下能完成动作的编排，没有表现力和感染力，但能基本完成健美操动作，有轻微姿态错误
四级	较差	在教师的协助下能基本完成健美操动作，不能完整地完成成套动作，有明显错误，且有停顿或不合拍现象

对照四级评价标准，学生清楚地知道自己处于哪一阶段，应该朝哪一级努力，激发了他们继续学习的动机、创造的欲望和竞争的意识，促使他们去学习、去练习、去思考、去创新，从而使健美操的教学得到了延伸，提高了教学质量。

第三节　终身教育视角下高校健美操教学发展研究

一、终身教育理念的内涵

最初，终身教育只不过是应用于一种较旧的教育实践即成人教育的一个新术语。后来，这种思想逐步被应用于职业教育，随后又涉及在整个教育活动范围内发展个性的各个方面，即智力的、情绪的、美感的、社会的和政治的修养。如今，从个人和社会的观点来看，这个概念已经包括整个教育过程了，变成了由一切形式、一切表达方式和一切阶段的教学行动构成一个循环往复的关系时所使用的根据和表现方法。"终身教育"这一现代教育的新理念具有内涵上的深邃性和涉及范围的广泛性。虽然，各专家学者对这一理念的表达方式不同，但是有一点是必须明确且一致的，即现代终身教育的基本目标是要改革长久以来存在于教育领域中"闭锁与僵硬的""以学校教育为中心"的"封闭型教育制度"，并通过学习化的社会来建立起一个富有弹性亦即富有活力的"开放型教育制度"。概括而言，终身教育可被理解为人从出生起直至老年为止的一生中接受教育的总和。从横向上看，终身教育包括了家庭、学校和社会三个领域的教育；从纵向上看，它贯穿于人的整个生命过程的始终。

二、终身教育理念的特征

（一）整合性

终身教育的整合性，一方面表现为时间上的整合，因为终身教育贯穿人的一生，包括胎儿教育、婴幼儿教育、青少年教育以及成人教育。人的一生的教育是互相联系、互相作用的，某一阶段所受的教育决定或影响着后来的教育状况。因此，适时地接受教育，开发人的潜能，对于提高人的整体素养、促进人的身心和谐发展无疑具有至关重要的作用。但这并不意味着后期教育对人的发展无关紧要，随着年龄的增长，人在成年之后，即在成年前期、中年期乃至老年期不断地接受教育，吸收各方面的知识与信息，掌握一定的技术与技能，对于锻炼人的智力思维、促进人的身心和谐发展仍起着不容忽视的作用，因而应实施纵贯人的一生的终身教育。另一方面，终身教育的整合性也表现为空间上的整合，亦即教育与生活的整合，教育是学校教育、家庭教育、社会教育的整合。总之，教育是整个社会的教育，社会是教育化的社会。家庭教育、学校教育、社会教育三位一体，共同支撑起未来终身教育体系的大厦。

（二）开放性

终身教育的开放性是指教育要面向全体社会成员开放。终身教育克服了教育仅仅是年轻一代特权的局限性，把教育对象扩大到全体社会成员，并且从人生前期扩展到全部人生，把人们的观念和视野从传统、狭隘的学校教育中解放出来。人们开始重新审视教育在人生中的地位和作用，充分重视并开拓包括大量非正规教育、非正式教育在内的社会教育的功能与潜能，积极创办包括图书馆、博物馆、科技馆、科技活动中心、少年宫、老年社区中心等在内的社区教育体系，力图使教育的空间与时间得以最大限度地开放，满足人们不断学习和进修的客观要求，从而提高全体社会成员参与学习的意识，为创造教育化社会奠定坚实的基础。

（三）多元性

终身教育的多元性是指教育形态、教育方式和教育方法突破了原有教育形态、教育方式和教育方法的单一性而走向多元化。教育形态的多元性是指正规教育与各种非正规教育相互影响、相互补充，共同促成一个教育化、学习化的社会。从各种教育的性质上看，整个终身教育的大系统又可分成三个小系统：以学历教育为主的学校教育系统、以职业资格教育为主的行业教育系统、以文化生活教育为主的社会教育系统。其中，以学历教育为主的学校教育系统，包括初等、中等、高等学历教育以及成人学历补偿教育；以职业资格教育为主的行业教育系统，包括行业委托的职业资格教育、行业内在职培训、行业性转业转岗培训；以文化生活教育为主的社会教育系统，包括校外科技文化辅助教育、成人文化生活教育、在业和退休人员再就业的继续教育。教育方式和方法的多元性是指素质教育取代传统的应试教育，教学方法将从"注入式"走向"启发式"，在充分考虑学生个性的基础上，采取更为直接有效的教学方法，力争取得最佳教学效果。

（四）灵活性

终身教育的灵活性是指学生较之过去有了较大的学习选择自由度。在接受完必要的基础教育之后，学生可以根据自己的兴趣、爱好、特长以及将来的职业选择，确定继续教育的教育内容、教育方式及教育主体等。不仅如此，联合国教科文组织还提出，要争取实行自己选择时间的政策，即今后在工作时间方面，应进一步考虑到劳动者个人的优先选择和企业灵活性的需要。不言而喻，这种工作时间的优化组合，必将为个人的学习提供更多选择的余地。

（五）民主性

一方面，终身教育的民主性表现为社会各部门、各行业甚至社会成员的单个个体共同参与教育管理，使教育不再仅限于个别部门或个别管理者的狭小范围，而是成为一项社会性活动，全社会关注教育和参与教育，社会成为教育化的社会；另一方面，终身教育的民主性表现为学生与教育当局的积极合作，也就是说既要教育自己，又以某种方式教育他人。不仅如此，终身教育的民主性也表现为人们对接受职业继续培训的要求，因为科技进步和寻求更大的竞争性而造成的生产过程的改变，使个人在启蒙教育或学校教育期间所获得的知识和技能很快就会过时，社会竞争和生存的需要激发了人们继续学习的欲望。

三、培养大学生终身体育习惯的重要性

高校体育教学的一个重要目标是保证学生能够积极参与到各种教学活动中，并形成自觉锻炼的习惯，从而保证学生能够形成终身体育习惯。学生终身体育习惯主要包含健康意识、体育知识和体育技能三个方面的内容。首

先，拥有健康意识。这里的"健康"不仅仅是保证人体没有疾病，而是指身体和精神双重方面的健康，保证学生能够更好地适应社会，有积极参与各种体育活动的兴趣和爱好，并通过多样化的体育运动，选择适合自己运动的体育项目，最终形成自觉的健身锻炼习惯。其次，体育知识主要包括了生理卫生常识、体育人文性常识和体育锻炼常识三个方面的内容。最后，体育技能是指学生应该在学会多种基本体育运动技能的基础上，熟练掌握两种以上的健身锻炼基本技巧和方法，保证自己能够科学地进行锻炼，从而提高自身锻炼的能力。

体育运动是保持人体机能和体能处于最佳状态、增强体质的有效手段。在人的一生中必须合理选择不同形式的体育运动项目和形式，以增强人体体质，延缓衰老。而终身体育是提高人体机能最有效的方式，因为人的身体健康状况并不是一成不变的，体质增强和变弱在某种情况下是可以相互转化的。大学阶段的学生，学习压力和就业压力很大，如果没有健康的体魄和健康的心理，将会严重影响学业的完成以及未来的就业和生存。终身体育习惯的培养，不仅仅要在技术上达到一定程度，更重要的是让学生懂得体育运动对人体健康的重要性。有一个健康的身体才能将所学知识应用到工作和生活中。培养学生的终身体育习惯，引导大学生追求高品质健康生活，是高校体育教学发展的趋势。

四、健美操教学中的终身体育意识的培养

（一）培养和激发学生学习健美操的动机

动机是推动和指引人们从事某种活动的内在动因。首先，教师要从激发需要入手。学生对运动没有需要，便无法形成积极的运动动机。教师在教学中要强调健美操特有的审美价值，突出其改善形体、娱乐身心和展现自我的功能，以激发学生参与这项运动的动机，使其积极自觉地参加体育锻炼，从而变被动为主动，慢慢养成习惯。

（二）重视学生体育兴趣的培养

子曰："知之者不如好之者，好之者不如乐之者。"兴趣是最好的老师。有了兴趣，学生自然会不断进取。那么怎样才能培养学生的体育兴趣呢？

1. 选择合适的教学内容

健美操的内容非常丰富，在教学中要根据学生的情况选择适合的练习内容。可以选择一些简单、有趣或好看的动作组合成热身操，还可以安排一些简单的爵士操和搏击操来丰富教学内容。

2. 选择恰当的音乐

音乐是健美操的灵魂，练习者听到旋律优美的音乐及强劲的节奏之后，会产生情感的联想，会有一种想参与、想活动的感觉。因此，要选择轻快、优美，或热情、奔放，或深厚、沉稳的音乐来进行练习。同时，在练习过程中，随着动作、节奏的熟练，一个练习组合可以使用不同的音乐，从而既提高学生的练习兴趣，又训练学生的乐感。

3. 选择灵活多变的教学方法和手段

虽然健美操动作丰富，又有音乐刺激，但在教学过程中，如果教法和手段单一，总是单调地重复，学生慢慢就会乏味、疲劳。在教学初期学习基本步伐时，可以先只做简单的手臂动作，当有一定基础后，可以加上一些手臂变化，这样学生就会觉得眼前一亮。当基本步伐学到一定程度后，可以进行步伐比赛，看谁反应快。在音乐伴奏下，教师说出步伐名称，学生马上做出相应的动作，这样既能巩固基本技术，又能调动学生练习的积极性。在学习组合动作时，教师应先讲解示范动作，让学生模仿；学习一段时间后，教师就不再讲解，只示范，让学生观察学习模仿，教师根据情况进行提问，这样既能提高学生的观察自学能力，又能激发学生的练习热情。后期教师留一个小组组合动作，学生以组为单位反复看视频练习，一起讨论、练习，再看、再讨论、再练习，比一比哪一组学得好。这样一步一步地，学生始终精神饱满地进行练习，学习能力会越来越强。

4. 培养自主学习能力

自主学习是指在教师的指导之余，学生自觉、主动、积极地获得知识、掌握技能，这是一种自我监控、自我指导、自我强化的学习。有了这种能力，学生今后就能更好地进行体育锻炼，养成体育锻炼的习惯。首先，要教会学生看图，再在教学过程中慢慢教会学生看视频练习，提高学生自学动作的能力。其次，给学生提供合作练习机会。在课中安排分组练习，提高学生相互观察、相互纠错、相互学习的能力以及交际能力。最后，培养学生的创新能力。在教学后期，以组为单位，让学生把学过的动作组合进行队形变化，然后以组为单位进行表演，看看哪组变换得更好、更巧妙。这就要求学生开动脑筋积极思考，有利于提高学生的创新思维能力和练习兴趣，也为学生今后从事健美操锻炼打下基础。

五、健美操教学中培养学生终身体育运动习惯的途径分析

（一）培养学生体育意识和兴趣，逐渐养成运动习惯

体育兴趣和体育锻炼目标往往是学生养成终身体育习惯的第一动机。这就要求高校在教学过程中将学生运动兴趣的培养放在第一位，不断培养学生的运动习惯，并将其作为体育教学的重要任务去抓。高校体育教师在指导学生进行健美操练习过程中，应该充分挖掘学生对体育运动的兴趣和爱好，不管是讲解、示范教学还是组织学生训练，都要吸引学生的注意力，引起学生的兴趣，促使学生积极主动参与到课堂教学中，保证学生在健美操练习过程中充分表现自己的个性，让学生感受到参加体育运动对自身身体素质提升的效果，从而激发学生持续参加体育运动的动机。培养学生体育意识和自觉锻炼的行为习惯已经成为高校培养学生终身体育运动习惯的教学目标。体育锻炼贵在坚持，要让学生加深对体育锻炼重要性的认识，明确锻炼目的，提高体育活动的自觉性，做到生活有规律，锻炼科学化、规范化和经常化，从而帮助学生养成终身体育锻炼的习惯。

（二）提高学生对音乐节奏的把握能力

音乐是健美操的灵魂，健美操教学如果离开了音乐，整个技术体系就失去了活力和兴趣。健美操不仅在动作上拥有丰富的美感，音乐的内在美也伴随其中。学生在练习过程中如果能将音乐所要表达出来的音乐美感表现出来，动作和音乐就能达到完美统一。因此，健美操教师在日常教学过程中，不仅仅要教会学生动作，同时还要在课程内容中融入音乐知识讲解，有针对性地讲解一些不同节奏的音乐的特点，在练习中要求学生数清音乐节拍，跟

着节拍练习动作。教师还要利用课余时间多放一些节奏感比较强的音乐，逐渐培养学生对音乐节奏的把控能力，培养学生对音乐的鉴赏能力。时间一久，学生对音乐的认知能力就会增强。学生在优美的音乐伴奏中动作会更加协调和优美，这种美感是发自内心的，能够不断加深学生对健美操的喜爱程度，保证学生积极融入课程。

（三）重视学生的个体差异，做到因材施教

教师在教学过程中一定要充满活力，技术动作要规范，要用优美的肢体语言、良好的气质去引导学生和教育学生；同时在教学过程中，还要注重学生个体之间的差异性，做到因材施教。教师在课堂教学中要根据学生的个体差异性，对教学内容和课程时间进行适当调整。很多学生对健美操很感兴趣，但是学习信心和积极性不强，不能正确认识自我的优势和特点，在学习过程中总感觉自己技不如人，在课堂上表现为害羞、胆怯。面对这种情况，教师首先应该帮助学生认清自身的优势和特点，鼓励学生放松大胆地去做每一个动作。教学要从简单到复杂，一步一步开展，让学生有信心、有兴趣去练习。针对曾经接触过健美操的学生，可以适当增加更多的健美操动作，鼓励学生创新健美操动作，并保证教会学生更多的基础动作和知识，为学生终身体育习惯的形成奠定坚实基础。

（四）营造良好的学习氛围

健美操是一种动感强烈、有活力的体育运动项目，良好的学习氛围对提高学生整体水平十分关键。教师不仅要具备专业技能和知识，还应该具备丰富的审美能力和鉴别能力，能及时发现学生练习过程中存在的动作差错，并及时纠正。除此之外，还要全面了解学生的心理变化，积极引导学生学习。在教学中，总会有一些学生不愿意表现自我，害怕被别人嘲笑，在课堂上表现得不愿意练习、不愿意单独做动作。对于这些学生，教师除了提供个别针对性帮助外，还可以让其他学生带动其学习，在班级内营造一个互助的学习氛围，保证每一位学生都能参与到课堂教学中来。

第九章　高校健美操与校园体育文化协同发展研究

第一节　校园体育文化概述

一、校园体育文化的概念

（一）校园体育文化

校园体育文化是指校园内所呈现的一种特定的体育文化氛围，它是以校园为空间，以学生、教师参与为主体，以身体练习为手段，以多种多样的体育锻炼项目为主要内容，以校园精神为主要特征的一种群体文化。

（二）大学校园体育文化

大学校园体育文化是指以大学校园体育文化为研究对象的一个高层次的校园体育文化。在构建校园体育文化方面，大学校园体育文化与中小学校园体育文化相比具有以下优势。

第一，大学生的学习和锻炼意识较强，有参与体育活动的动力。大学生的世界观和价值观已初步形成，多年的学校体育生活经历使他们已经具备了较高水平的体育生活调节能力。大学生具有较强的体育意识和体育技能、较好的体育行为习惯和体育生活方式，他们更善于利用体育来调节、改变个人生活甚至生命质量。

第二，大学的校园体育文化环境条件较为理想，有利于校园体育文化的发展。我国高校大学生均住在校内，与中小学生相比，校园生活便是他们的全部。大学生不仅学习压力较轻，而且有了更多的休闲娱乐健身时间。他们对大学校园体育文化环境的要求和需求更为迫切和严格，他们不会仅仅满足于一周一节的体育课和一年一度的校运会，他们希望学校的体育文化生活更加丰富多彩，希望体育是他们课堂之外接受素质教育和能力锻炼的一个载体。在体育活动中，大学生希望既能够得到良好的身心锻炼，又能够从中提高个人综合素质。

第三，大学校园中人的知识水平较高，具有与时俱进的体育发展意识。高等学校的师生员工、家属区成员大多具有较高的知识水平，他们不仅能够接受传统体育的物质和精神文化，还能积极吸收外来体育文化精髓，跟上现代体育形式、理念、精神的快速变化，实现体育的各种功能，并能够积极利用体育的各种价值来创造发展并形成各自鲜明独特的校园体育文化。

二、校园体育文化的结构

校园体育文化不仅包括体育设施、体育活动、体育竞赛等表象内容，也包括体育风尚、道德观念、体育精神和价值观念等深层内容。一般来说，其结构可分为三个层面，如图9-1所示。

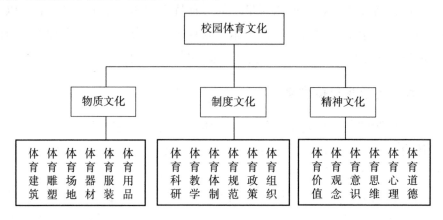

图9-1 校园体育文化结构

（一）物质文化

物质文化是表层文化，表现为体育运动的形式、体育设施等可感觉到的形态，这些形态形成了特有的校园文化景观。物质是体育文化的基础，也是其客观保障，它包括体育场馆、体育器材、体育教材和师资队伍的建设等，是校园体育文化中的"硬件"。

（二）制度文化

制度文化是中层文化，是学校体育的综合形态，是联系精神与物质的中间层面。制度与方法既是校园体育的组织形式，也是体育意识的体现，它涵盖了体育教学、课外体育活动、科研、运动队管理、体育协会、业余体育竞赛、体育知识普及和体育交流等全方位制度、方法的确立。制度文化体系包括组织、政策、体制、规则等内容。制度文化是介于物质文化和精神文化之间的层次，是校园体育文化建设的保障。

（三）精神文化

精神文化是深层文化，其在校园体育文化体系中居于主导地位。校园体育精神文化指的是体育健康观、价值观。它是校园体育文化的本质与核心，决定了校园体育文化的目标。校园体育精神文化具体包括价值观、娱乐观、审美观、意识形态、思维模式、体育心理等，是校园体育文化的"软件"。

三、校园体育文化的内容

校园体育文化的结构是校园体育文化系统得以在发展过程中保持整体性的关键，它决定着校园体育文化的特征。以体育文化在校园中的外部表现特征为主要依据，可以将校园体育文化所涵盖的内容归纳为艺术类、娱乐类、体育活动类、体育环境类和其他类，见表9-1所示。

表9-1　大学校园体育文化的内容

类别	具体内容
艺术类	体育征文、摄影活动
	运动服饰、参赛服饰设计
	体育舞蹈联谊会
	各类操、舞表演等

类别	具体内容
娱乐类	体育报纸、杂志阅览
	影视赛事欣赏
	体育休闲项目
	趣味项目竞赛等
体育活动类	体育课程
	体育俱乐部
	运动兴趣小组
	校运动代表队训练
	各类体育竞赛
	体育文化节
	大型运动会
	其他课外活动等
体育环境类	校园体育雕塑
	场馆、跑道
	体育设施设备
	校区健身场所
	各类健身长廊
其他类	健身知识讲座
	竞赛场景策划与布置
	参观浏览纪念场所
	踏青远足
	组织旅游活动

　　校园体育文化可以通过多种形式体现，如早操、课间操、体育课、课余群体活动、高水平运动队的训练、运动竞赛、体育竞赛、富有特色的体育讲

座和报告会、体育技能表演、体育俱乐部（体育协会）、学校体育文化节等。

四、构建校园体育文化的意义

（一）有利于推动素质教育的实施，并取得较为理想的体育教学效果

在教育的各个环节中有机统一德、智、体、美等各种教育，是实施素质教育的基本要求。面向各级院校推广素质教育，需要发挥校园体育文化的作用，需要各级院校充分重视对积极向上、健康和谐的校园体育文化的构建。而构建校园体育文化，营造健康向上的校园体育文化氛围，需要以丰富的校园体育文化活动为载体，如体育教学活动、体育训练活动、体育竞赛活动、体育俱乐部活动等，举办这些活动必须体现出组织性、计划性、目的性及文化性。学生参与丰富的校园体育文化活动，能够自觉对自身心理与行为进行调节，树立健康的生活理念，养成健康的行为习惯，这对于学生综合素质的全面发展及个性化发展均具有重要意义。

（二）有利于世界观、人生观、价值观教育的顺利开展，增强校园凝聚力

校园文化所蕴含的价值理念能够得到大部分师生的普遍认同，对这一价值理念进行创造与承载是校园体育文化的核心与关键。在高校思想政治教育中，核心内容包括世界观教育、人生观教育以及价值观教育，校园文化的价值标准直接反映在思想政治教育的这些核心内容中。文化无时无刻不在影响人，如影响人的生活环境与生活氛围，影响人的意识、精神与习惯等。从本质上来说，校园体育文化是一种环境，而这种环境的好坏，对于学校的育人功能有很大的影响。校园体育文化发展得好，学生的学习环境就好，往往就能收到较为理想的育人效果；如果校园体育文化发展得不好，学校环境就不利于学习，就难以取得理想的教学效果。对大学生来说，大学校园是他们日常生活与学习的主要环境场所，他们生活的这个环境是否具有良好的体育传统与风气，是否形成了具有特色的体育文化，直接对其体育素养及对学校的归属感产生影响。此外，校园人的凝聚力也受到了校园体育文化的直接影响。学校优良的传统、先进的思想、高尚的精神等都是校园体育文化环境所折射与传播的内容，大学生在这样的环境下能够对母校产生自豪感和归属感。学校在课内外开展内容丰富、形式多样的体育文化活动，能够积极引导

大学生加深对母校的热爱，并将这份热爱之情延伸为对国家与民族的自豪感与归属感，这对于培养大学生的爱国主义精神、使大学生形成科学的"三观"具有举足轻重的作用。

（三）有利于构建和谐校园和文明校园，推动校园文化繁荣发展

构建和谐校园是每个学校都非常重视的一项任务，其中包含对和谐校园体育文化的构建，而良好的校园体育文化又有助于推动和谐校园的建设。校园体育文化的构建要突出先进性，而先进性主要从以下几方面体现出来，即校园体育环境良好、体育文化生活丰富、体育生活方式文明、人际关系和谐、学术氛围浓厚、体育价值取向正确。

校园体育文化建设的主体、校园体育文化的创造者是学校师生与员工。和谐的校园文化必须具有健康、文明、高尚的特质，要构建和谐校园文化，就要加强对校园文化建设主体的积极引导与科学塑造，将建设主体的积极主动性充分调动起来，使其在和谐校园文化的建设中充分发挥自己的力量，共建美好校园。而对师生与员工进行引导，需要发挥丰富多彩的文化因素，包括人生信仰、道德观念、审美情趣等的作用，这些又都蕴含在校园体育文化中。

在良好的校园体育文化环境下开展体育实践，能够使实践活动更加生动、形象和贴近实际，而学生参与这些体育实践，无形中能够接受健康的、先进的、文明的思想文化的熏陶。体育教学环境是校园体育环境建设的一个重点内容，校园体育教学环境必须体现出民主、宽松、生动、活泼等特质，这样的教育环境有助于学生更好地掌握体育知识与技能，有助于培养学生独立思考、创新学习的思维能力及良好习惯，从而推动学生全面自由地发展。

"育人"是学校的重要使命，这一使命的实现离不开和谐的人际关系，而和谐人际关系的建立又需要依托和谐的校园体育文化。可见，不管是建设文明校园与和谐校园，还是实现育人使命，都离不开校园体育文化，而且校园体育文化对完善学生的人格也有积极意义。

（四）有利于意志品质教育和审美教育的顺利开展，促进学生人文素养的提升

和中小学相比，大学的体育文化活动更加丰富多彩，这是大学的特点，也是大学的优势所在。丰富多彩的校园体育文化活动充满创造性、挑战性、

竞争性，不管是活动的组织者还是参与者，他们都需要具备坚强的意志品质、较强的心理素质、正确的道德观念和良好的审美素养，这样才能保证各种活动的顺利开展。含有精神意蕴的校园体育文化活动具有"修身养性"的功效，对大学生意志品质的形成、美感体验的增强及审美素养的提升都具有重要的作用，从而能全方位提高大学生的人文素质。

（五）有利于集体主义、爱国主义教育的顺利实施，增强师生的集体意识与国家荣誉感

在学校思想政治教育中，集体主义和爱国主义一直以来都是重点教育内容。思想政治教育也是校园体育文化的主要功能之一，这一功能的发挥需要以形式多样的校园体育文化活动为依托，通过体育活动实践对大学生的集体主义精神、爱国主义精神进行培养。校园体育文化活动的开展具有计划性、组织性和目标性，而且以集体项目为主。所有参与其中的学生都能产生凝聚力，学生在特定目标的驱动下参加活动，并在参与过程中不断认可集体目标，为集体目标而努力，只有实现了集体目标，才能最终实现个体目标。这能够为学生集体主义精神的培育奠定基础。参加国际比赛的运动员都会产生强烈的爱国主义情感，而且这是在运动赛场上油然而生的一种情感，其实在校园中也可以培育学生的这种情感。校园体育文化活动以集体项目为主，集体的荣誉对学生来说如同磁场，具有强大的吸引力，也使其产生强烈的认同感，如果学生不断经历这种"凝聚"和"认同"，其自觉探寻"凝聚点"的习惯自然就会形成，这样集体主义、爱国主义的教育效果也就能够实现了。同样的道理，学生如果有机会参加校际活动、国际活动等，学校的荣誉与国家的荣誉也是具有强大吸引力的磁场，他们会不自觉地产生学校荣誉感和爱国主义情感。

第二节　高校健美操与校园体育文化

一、健美操在高校校园体育文化中的影响及地位

健美操运动是目前高校比较流行和传播较为广泛的体育文化活动形式，

是校园体育文化的重要组成部分。在生活节奏不断加快、"文明病"大肆蔓延的今天，健美操作为一项健身运动形式越来越受人们青睐。起初健美操将体操、迪斯科等舞蹈和其他体育形式吸收进来，然后慢慢演化为注重力度、音乐节奏和旋律鲜明的体育运动形式，而且在科学理论的指导下，健美操运动的目的性、科学性与针对性越来越突出，最终成为集舞蹈、体操与音乐于一体，以健身、健美为目的的新型体育项目。同时，健美操运动的群众性、娱乐性也很强，所以成为深受大众喜爱的体育文化活动。随着健美操在高校的推广，大学生逐渐接受了这个以自我锻炼为主，兼顾自我塑造与追求健美的协调统一的新兴运动。健美操在高校的普及给大学校园注入了新鲜的血液与活力，促进了高校校园体育文化事业的发展。

健美操在短时间内成为大学生体育的热点形式，与其健身健美的时效性、内容的丰富性、组织的多样性等特质有很大的关系。大学生在课余时间主动参与健美操运动，产生了学习健美操的兴趣，增强了锻炼的自觉性。同时，高校各种形式的健美操活动的举办也带动了校园体育文化的升温，健美操爱好者的身影遍布校园体育场、表演台和体育馆等场所，促进了校园体育文化的宣传与发展。

健美操具有很强的凝聚力，它把众多趣味相投的人联结在一起，以竞赛或表演的形式增进同学之间的友谊，构建融洽的师生关系，提高学生参与体育活动的积极性。在健美操的带动下，校园体育文化也上升到一个新台阶，如文化内涵更丰富，整体上取得了更好的进步与发展。

二、健美操与校园体育文化相辅相成

健美操与校园体育文化的相辅相成主要体现在二者共同促进大学生健康成长与全面成才方面，如健美操能够增强大学生的体质、提高大学生的审美能力、完善大学生的个性品格。

高校与社会其他社区一样有很多休闲娱乐的空间，同时也有健康与颓废、高雅与低俗之别。健美操充满时代气息，校园健美操带来了健康，驱走了颓废，健美操音乐节奏欢快、节拍强力，旋律令人震撼，让人耳目一新，给大学校园注入了清新的空气，给大学生的校园生活增添了绚丽色彩，也使校园体育娱乐活动的文化层次得到了提升。

高校健美操与校园文化紧密联系，作为相对新颖的校园体育文化活动形式，健美操既促进了大学校园体育文化内涵的丰富，又推动了校园文化建设，二者相辅相成，协同发展。

三、高校健美操教学中体育文化的传承

（一）高校校园体育文化的传承机理

体育文化的发展离不开体育文化传承，文化传承是文化发展的主要推动力。在社会文化生活中，从众行为非常普遍，校园体育文化的传承同样如此。校园体育文化对个体的影响主要通过信息（以运动技术为呈现形式的体育文化）的传递，即教师或体育骨干作为信息发出者将自身的行为态度、意见和建议（体育文化价值观）传递给个体，并向个体或潜在个体直接进行自我展示的行为方式。在这个过程中，一种强势氛围自然而然地形成，并对个体的行为倾向或决策产生直接影响。个体从学校群体中获得有益于自身的信息，信息的传递会使个体不自觉地效仿，在这种氛围压力下，个体的行为趋向于信息发出者，并进一步普及定型，最终转化为终身体育的生活习惯。

在体育教学中，总是有部分群体能够将操作性知识熟练地掌握，体育文化素养高于他人。高水平群体和较低水平个体在层次上存在明显的差异，较低水平个体出于对体育文化的需求会感到较大的群体压力，个体在信念和行动上会做出改变，产生从众行为。学校如果可以建设高水平的运动队，个体更易感到巨大的压力，受到强势体育文化氛围的"感染"，并相互传递这个信息，从而形成校园体育潮流，推动校园体育文化传播与发展。

（二）高校健美操教学中体育文化的传承方法

1. 转变教育观念

以增强学生体质为目的的学校体育忽视了增强学生体质的长远效应和体育的终身性，也忽视了学生的心理、社会及教育等因素。而以促进学生的全面发展为目标的学校体育把增强学生的体质作为长远目标，从现实出发，培养学生的体育意识、能力、习惯等，充分考虑到学生的生理、心理、社会等各方面因素，所以必然会收到良好的效果。这两个目标有着本质的区别，所以高校健美操教学要传承体育文化，必须要先转变教育观念。

对大学生的全面培养，旨在实现其最高生活价值，全方位提高其各方面的能力。因此，高校健美操教育要从"育体"向"育人"方向转变，从单纯追求学生技术水平和身体素质的提高转变到追求学生的身体全面协调发展，即打破传统以传授运动技术为主线的教学体系，建立以合理的运动实践为手段，全面完成增强体质、传授体育文化、培养学生终身从事体育健身的意识和能力及坚持体育锻炼的意志品质的统一协调发展的教学新体系，为学生终身从事体育锻炼打好基础。

2.提高学生的体育素养

体育素养指人们平时所习得的体育知识、技能，借此而形成的正确的体育认识、价值观，以及正确的待人处世态度和方式等的复合性整体。简言之，就是人的各种精神要素及其品质的总和。它包括体育知识、体育意识、体育技能、体育个性、体育道德和体育行为六个方面，反映了人的体育文化水平。个人的体育文化水平表现在物质、精神和社会三个层面上，解释如下。

（1）物质层面。物质层面是指人在体育活动中表现出来的包括各种身体活动在内的体育行为。

（2）精神层面。精神层面指人的体育个性特征和心理品质。

（3）社会层面。社会层面指个体所带有的社会属性，表现为体育社会倾向、体育文化水准、体育品德素养等。

健美操作为高校体育的重要组成部分，对全面提高大学生的综合素质有举足轻重的作用。提高大学生的体育素养，不仅能够使其拥有健康的身体，还能够有效配合学校的素质教育，为促进大学生的全面发展、传承体育文化打下坚实基础。

文化的传承活动是人类的创造性活动，人的素质的高低对文化发展的速度和水平的高低有直接的决定性作用。先进文化是一代又一代人实践、创造、积淀、传承的结果。作为体育文化传承的主力军，大学生不仅要对人类历史一切优秀体育文化加以保存、传递，而且要继承、吸取，同时要正确选择、优化整合、综合创新，对与时俱进的先进文化进行创造。因此，要使大学生能够真正承担起传承体育文化的历史责任，必须在高校健美操文化建设中全面提高其体育素养，这是传承体育文化的保障。

3. 在"四位一体"的教育模式中传承体育文化

"四位一体"指的是学生在校期间的体育课、课外体育活动、体育竞赛、校园文化环境的影响四位一体，理论教学、技能传授、课外体育锻炼有机结合，使体育文化如"喷灌"一般，多散点地对学生实行渗透，从而培养学生的体育文化素养。高校应改进传统体育教学、活动模式，创造丰富多样的教学与活动形式，以满足不同学生的需求。

（1）改革健美操课堂教学。

首先，改革课程设置形式。

在课程设置形式方面，目前主要有基础课和选项课两种。基础课，就是以全面发展身体为主所采取的一种教学组织形式；选项课，就是学生在完成全面身体锻炼的基础上根据本人的兴趣、爱好和特长在开设项目范围内，在教师正确导向下选择自己所喜欢的项目。选项课可以使学生掌握该项目科学锻炼的基本知识和技术、技能，培养其锻炼的兴趣和习惯以及对体质和健康的自我评价能力。学生喜欢以专项为主的体育教学结构，因为它改变了普通体育课的"蜻蜓点水"式的教学节奏，使经过全面体育教学的大学生开始步入形成与自己身体特点和兴趣相符的体育专长项目的阶段，为进入社会后进行自我锻炼打下良好基础。而基础课对大部分学生学习的积极性造成了遏制。

人们并不因为要掌握某一运动技术而专门先去发展相应的身体素质，而是在学习、掌握某一运动技术的同时发展和提高了身体素质。归根结底，现代教育是个性教育，也是创造性教育，如果无法保证满足学生的兴趣爱好，就不可能发展其个性。在高校健美操课程设置中应注意以下两点。

第一，有选择性地因材施教。健美操课程的设置应在满足学生的兴趣、爱好的基础上，在大学一年级就开设选项课。学生可以凭兴趣选择，教师也同样可以对学生进行选择，对那些素质较差、确实不能进行该项目学习的学生，可以限制其选择该项目。

第二，全面性地因材施教。应使学生在对体育文化尽量具有全面深刻了解的基础上，选择健美操项目。

其次，改革教学内容。

对健美操教学内容的改革主要是增加理论教学，拓宽学生的基础知识面，从而有效地指导学生在课余进行健美操锻炼，以及加强运动卫生和体育保健。

最后，改进教学方法。

从思想认识而言，高校健美操课应从体育文化传播的角度来进行健美操教学，目的是提高学生的体育文化素养；而传统教学则基本以实现运动技术教学目标为主，很少考虑那些可以培养大学生思维力和创造力的教学方法。健美操教学效果的好坏取决于教学内容是否精选，也取决于教学组织方式安排是否合理。选择了好的教学内容，却没有适宜学生身心特点的组织方式，也难以保证教学效果。从这一角度看，教学组织方式也非常重要。

要提高大学生的体育文化水平，必须突破传统教学模式的束缚，营造轻松、活泼、欢乐的学习氛围，让学生在快乐的学习与锻炼中体验体育的乐趣，学会用运动锻炼身体、增强体质。在教学组织上，以活泼、自由、愉快为主调，主张严密的课堂纪律与生动活泼的教学氛围相结合，强调信息的多向交流与教学环境包括物质环境和人文环境的优化。要克服教学组织形式竞技化的倾向。教师向学生传递的应当是体育文化，而非单纯的竞技运动训练，应向学生重点传授锻炼的方法和如何培养良好的运动习惯等，为学生的终身体育奠定基础。

现代的健美操教学方法应当是完整系统的理论、文化知识传授与愉悦深刻的运动体验相结合，课堂教学与课外活动相结合，显性课程与隐性教育相结合，多管齐下，散发渗透，深刻影响，使学生的身心均能平衡发展。

（2）改革课外健美操活动。

第一，明确课外体育活动是体育课的延续和有效补充。

高校必须有明确目的地组织与辅导课外体育活动，不能仅局限于发放器材或监督活动时间。既要让学生对课堂上的健美操理论、技术进行充分实践，又要使学生获得必要的运动快感，还要培养学生良好的运动习惯。总之，要从学生心理和生理、社会、教育等多个角度出发来考虑。还应明确的是，课外活动是学校体育的重要组成部分，同样是教育的过程，是体育文化的传递过程，因而必须考虑其教育性。

第二，课外活动形式丰富多样。

课外健美操活动可以是俱乐部的形式，也可以是学生的体育组织，如健美操协会和社团组织等，还可以是健美操知识专题讲座等，因为健美操运动本身就是异彩纷呈的，所以活动形式也应该缤纷多姿。需要注意的是，高校的健美操活动应尽量与学生的生活联系起来，重在使学生练习和掌握所传授的方法。

（3）改革健美操竞赛。

随着社会的发展和人类文明的进步，体育不再是少数人的专利，而是人类自我完善的重要手段和内容。"重在参与"从奥林匹克圣殿中走出来，走进每个人的心里，直接反映出这一历史必然。我们应顺应潮流，尊重并努力实现每个学生平等参与学校体育活动的权利。学生只有积极主动地参与才有伴随着运动产生的各种情感体验，才会产生对体育的爱好与需求，才能有所提高，才能持续发展，才能实现终身体育。现行的各类健美操竞赛只有从观念、形式、内容、规则等方面进行改革，才能达到培养学生体育文化素养的功效。我们从文化传递的角度对学校健美操竞赛进行改革，更有利于体育文化的传承。

（4）加强校园体育文化环境建设。

体育文化的培养需要多方面的因素相互作用，共同影响。不仅需要知识的增长、能力的提高，关键还在于日积月累中思想意识、价值观念的提高与转变。在学生体育意识、体育价值观的形成过程中，文化环境发挥着极为重要的作用。

文化环境以一种特定的文化氛围影响着学生，使学生在不知不觉中受到潜移默化的影响，对学生起着陶冶、导向、激励等作用，是健全人格培养中不可缺少的一部分。学校可在每个运动场地、区域都设置宣传牌，包括项目的中英文名、项目简介、技术要领、锻炼作用以及注意点等；体育馆门厅两侧可布置制作精美的健身宣传长廊，包括健美操锻炼对身心的影响、合理营养、准备活动的要求和功能、各年龄段身体形态的正常值等内容；墙上还可悬挂名人谈健身和体育的格言等。诸如此类的"健身长廊""运动乐园"等都属于基本的自然环境建设，除此之外，还需要通过以下途径来进行校园人文环境建设。

首先，充分发挥课堂教学和体育教师的教育功能。

在健美操教学中，教师应充分发挥主导作用，使学生最大限度地发挥主观能动性，增加对健美操的兴趣，培养参与健美操锻炼的意识。体育教师应通过各种方法与手段使学生理解全民健身与终身体育对人类健康的现实意义，使每位学生都树立起一种紧迫感、使命感。体育教师应不断提高知识水平，带头成为终身体育的示范者。健美操课上应适当让学生参与教学过程，在实践中培养学生的能力。例如，让学生设计准备活动、自己组织游戏与比赛等，在适当宽松的环境中，锻炼学生的胆量和组织能力，培养学生的自觉爱好与兴趣。

其次，实施个性化培养，开展专项课外活动。

专项课外活动即固定活动项目、固定活动场所、固定辅导教师、固定练习时间，学生持证件，根据自己的兴趣、爱好自由选择符合自己个性特点的项目。在这种"四固定，一自由"的形势下，在充分发挥教师技术专长的同时，满足学生学习健美操的需要，发展学生个性，使学生能轻松地学会健美操技能，为终身锻炼做准备。

再次，发挥竞赛的激励作用。

体育竞赛，不应当只是校运动会一类的竞赛，还必须包括体育知识竞赛在内的一切非正式比赛。这种竞赛不仅参与人数多，受益面广，而且时间、地点可以任意选择，场地器材可以交叉使用，不受条件限制，举办也就容易了。

最后，发挥体育宣传的导向作用。

要使学校、家庭与社会相互配合，充分发挥体育宣传的导向作用。其一，要端正人们对学校体育的认识，正确地区分健身运动、竞技运动与培养冠军的关系，深刻地理解学校体育对培养现代化的人和促进人的全面发展的作用，从而提高学生参与体育运动的自觉性与主动性。其二，要引导人们直接参与健美操等体育锻炼。学校体育的根本价值在于实践。只有实践，学生才能尝到甜头，加深体育情感。也唯有实践，体育意识才会产生和发展，学生的体育文化素养才会真正提高。

总之，在健美操教学中向学生传授体育文化，使优秀体育文化得以传承，需要营造良好的体育文化环境。这个环境不仅包括学校环境，也包括家庭环境和社会环境，不仅有"硬件"，也有"软件"。

第三节　高校健美操与校园体育文化在多层面的互动发展

一、高校健美操与校园体育文化在物质层面的互动发展

（一）高校健美操的开展促进了校园体育物质文化的发展

1.体育场馆丰富了校园体育文化的物质基础

体育场馆设施是学校开展健美操运动的基本保障，体育场地设施不到位，健美操活动就难以顺利开展。先进的运动设施、完善的器械设备、专项化的训练手段是现代运动训练所应具备的基本条件，同时也是提高训练效果、保证运动成绩的前提。因此，体育场馆设施能否得到良好供应是高校开展健美操教学、训练及赛事等活动时应考虑的基本问题。

近年来，我国高校注重体育馆建设，在这方面增加了财力支持，这大大满足了健美操教学的需要，也为学校树立了良好的品牌。

2.竞技健美操的赛场象征文化丰富了校园体育文化

有一种文化现象介于物质文化和非物质文化之间，但不能将其归纳到任何一边，如某些团体的旗帜、徽标、口号，某些具有暗示、纪念、象征意义的建筑、工艺品及手工制品等，这类文化一般统称为象征性文化。体育象征性文化可以从高校整体的体育运动形象中体现出来，具体有队旗、徽章、吉祥物、队歌、赛场口号等。高校健美操的发展要想创造独具特色的品牌，将本校体育文化的特色彰显出来，就必须将品牌文化理念融入自我发展中，在象征性文化上体现大学生积极进取、团结协作、拼搏创新的体育精神。

目前，我国高校健美操赛事还未形成品牌化发展模式，仍处于初级发展阶段。一部分高校虽然组建了健美操运动队，但没有设计专门的队徽、队歌，缺少象征性文化，这说明高校竞技健美操文化建设有待完善。高校健美操象征性文化的缺失不利于彰显本校体育特色，也使健美操与校园体育文化

的有机结合受到了阻碍。

（二）校园体育物质文化为开展健美操活动营造氛围

作为校园中的一个个体，学生对校园生活环境必然会有所需求，通常学生的这种心理需求有基础类和高级类两种类型。基础类的心理活动包括感知觉、记忆、认知、判断等，高级类的心理活动主要包括个人的心境、情绪、意志以及审美等。

在高校各种设施中，图书馆和体育馆利用率最高，可见体育场馆大大影响了学生的个人行为。学生对于体育场馆最直接的印象是外观形状，但经过调查后发现，大部分大学生认为，学校体育场馆比较普通，给人的印象不深刻；认为本校体育场馆有创意的学生非常少。可见，高校体育场馆设计创新不足，没有吸引学生，也影响了学生的积极性。

体育场馆周围的运动墙画、校园里的体育名人雕塑，以及关于重大健美操赛事的海报、宣传栏等，这些设施不管是自身内容还是由此延伸出的文化内涵，都可以对大学生的思想、心理和行为产生影响，具有文化教育和感染功能。

二、高校健美操与校园体育文化在精神层面的互动发展

（一）健美操的精神价值

学校开展健美操活动能够宣传体育精神与校园文化精神，学生对健美操的认识水平越高，就越能够为这项运动的开展奠定良好的基础。竞技健美操的精神价值对大学生的影响尤为明显，这主要体现在爱国主义教育、集体主义精神教育、团体凝聚力等方面。大学生健美操运动员在参赛中所受到的教育意义会更大，这种精神也会慢慢转移到普通学生身上，体育精神成为学生不断前进的动力。

（二）校园体育精神文化对高校健美操的影响

校园体育精神文化的形成需要经过长时间的酝酿，是在各种条件都具备的情况下慢慢形成的，而且一旦形成将会长时间潜移默化地影响校园的各种事物。精神和思想是人的行为的根本出发点，它的好与不好将对人这个主体

的行为结果产生直接影响。如果校园体育精神文化得到良好的发展，那么校园主体在体育情感、体育观念、体育思想等方面都会有良好发展，而且可以直接体现在校园人的行为方面。

校园体育精神直接影响大学生的体育价值观、体育思想、体育行为，良好的校园体育精神能够帮助他们树立正确的体育价值观。校园体育精神文化的形成可以使校领导对校园体育的发展更加重视。健美操作为校园体育的重要组成部分，必然也会受到重视，而健美操的良好发展也可以推动其他相关运动项目在高校的发展。高校健美操的良好发展可以使学校获得荣誉，有利于宣传与推广学校的良好形象，还可以形成校园特色，为大学生的校园生活增添色彩。

三、高校健美操与校园体育文化在制度、行为层面的互动发展

（一）高校健美操与校园体育制度文化

建立健全校园体育制度非常重要。一方面，它所面对的大都是尚未进入社会的在校学生，一个健全的规章制度可以有效约束学生的个人行为，使其养成规范的个人行为，并且对他们的情感、智力、人生观、价值观等起到很好的指导作用；另一方面，完善校园体育制度文化，可以使学校的各项体育工作更加具有计划性、合理性，处理和解决问题时能够有规可依，同时可以避免过分盲目而造成的工作效率低下。高校应不断完善校园体育制度，使健美操运动向着规范化、制度化的方向发展与进步。

（二）高校健美操与校园体育行为文化

高校健美操比赛能够从各方面对校园体育行为产生影响，赛事影响力、运动员的榜样性等会从细微方面影响校园体育行为。高水平健美操运动员代表着学校竞技健美操的水平，他们通过自身的行为不断传递和推广竞技健美操，对校园体育行为文化产生直接作用。高水平健美操运动员与其他群体的交流可以改变人的体育观念，使更多的人参与到健美操运动中。

四、高校健美操与校园体育文化协调发展

健美操是校园体育的重要组成部分，高校健美操的发展能够促进独具

特色的校园体育文化的形成，促进校园体育文化的发展。校园体育文化建设是校园文化建设的重要组成部分，不仅对学生具有显性教育作用，还具有潜移默化的隐性教育作用。健美操与校园体育文化两者之间良性的互动、互促，不仅能够促进二者的发展，而且对于整个校园文化和所有学生都有积极作用。高校健美操教学不仅仅是对技能的传授，更重要的是对学生体育价值观、人生价值观的培养。

（一）高校健美操对校园体育文化建设的积极影响

首先，健美操能在高校中开展，要具备相应的物质条件，这是基础保障，而体育场馆则是基础中的基础。在高校修建体育场馆设施不仅能够使高校学生的需要得到满足，而且有利于促进健美操教学及健美操训练和竞赛的发展，这极大地丰富了校园体育物质基础，美化了校园体育环境。

其次，高校健美操活动的开展需要有相关规章制度，如运动队招生制度、训练比赛制度、管理制度等，这些对于校园体育制度文化的建设和完善具有重要意义。

最后，大学生在参加健美操集体项目中所表现出来的团结协作、不放弃精神能够深深感染身边的学生，有助于他们养成正确的人生观、价值观，从而在校园内形成良好的体育文化氛围。

（二）校园体育文化建设对高校健美操发展的积极影响

第一，高校体育场馆、设施等是体育物质文化的重要内容，对学校开展健美操运动有直接影响。高校重视体育场馆的建设，并综合考核其外观设计、综合利用价值等，能够为高校健美操活动的开展提供物质保障。

第二，校园体育制度是校内各种体育行为和体育事务实施和开展的基本准则，这些准则规范约束了校园主体行为，保障了健美操活动的有序进行。因此，校园体育制度文化的建设与完善有力保障了健美操运动在高校的开展。

第三，校园体育精神文化是整个校园文化的核心部分，它的形成需要一个漫长的过程，而且一旦形成将会长期存在。校园体育精神以体育价值观为灵魂，良好的体育精神能够使学生不断受到激励，这对于健美操活动尤其是健美操竞赛的开展起到了很好的导向作用。

第四节　高校健美操与校园文化协同发展的建议

一、高校健美操促进校园体育文化建设的对策

（一）完善高校健美操课程建设

科学构建大学生体育选项课的课程模式，并不断加以完善，将体育课程的"三自主"原则充分体现出来，体现出学生对教师、时间、内容的自主选择，尽可能让健美操爱好者都顺利选上健美操课。在健美操教学中，要因材施教，分层教学，从不同学生的不同基础水平出发开设不同层级的选项课，使基础好的学生获得更快更进一步的发展，使基础较差但十分热爱健美操运动的学生取得进步与提高，为所有学生的终身体育锻炼打好基础。

（二）加强健美操场馆设施建设

体育场馆设施是校园体育文化建设的重要内容，也是学校开展体育活动的重要物质保证。目前，我国高校健美操场馆设施总体上比较缺乏，对大学生参与健美操运动的热情与积极性造成了严重影响。很多高校健美操教学场地非常拥挤，或者是简单修缮一些废弃建筑物来作为健美操教学场地，教学环境总体上十分简陋。因此，要想在高校蓬勃开展健美操运动，首先必须加强场馆设施建设，加大这方面的投入力度，使健美操运动场馆与场地更加规范、标准，满足教学与举办其他活动的需求。

（三）提升健美操教师队伍的专业能力

高校健美操运动的发展需要一支优秀的健美操教师队伍作保障，健美操教师的专业水平直接影响校园健美操运动的开展质量与水平，因而要通过培育高水平的师资队伍来推动高校健美操运动的健康发展。

高校对健美操师资队伍专业素质的培养应从理论和实践两个方面共同努力，为健美操教师与教练员外出学习、深造创造机会，提升健美操教师队伍

的业务素养；同时，应引进优秀的健美操人才，吸收先进的教学理念与教学方法。

（四）加快组建大学生健美操社团或俱乐部

在健美操社团或俱乐部中，学生参加健美操锻炼的效果往往都比较好，每次锻炼时间较长，锻炼频率高。因此，高校应大力宣传组建健美操体育社团或俱乐部，营造良好的体育氛围，吸引更多的学生参与社团组织的活动。同时，体育管理部门应大力扶持社团或俱乐部，增加各方面资源的投入，引导高校健美操社团向正规化发展，增强高校健美操社团的自我管理能力。

（五）完善课余健美操竞赛机制

课余体育的时间都比较充裕，空间灵活，在校园内定期举办健美操竞赛可以使校园体育氛围更活跃，而且，通过举办竞赛可以吸纳大量的学生参与这项运动，也可以提高大学生运动员的体能和运动技术水平，增强运动员的实战能力。在课余时间举办健美操比赛也是检阅健美操运动队整体实力和学生组织水平的重要途径，也可以有效锻炼大学生的心理素质，丰富其实战经验。因此，应不断完善高校健美操比赛机制，充分调动大学生参赛的积极性。

二、高校健美操与体育文化融合发展的策略

（一）体育文化对高校健美操发展的作用

1.体育文化能够激发学生的学习激情，增强健美操教学效果

良好的校园体育文化环境有助于良好体育教学环境的形成，体育文化建设得好的院校，开展的体育活动丰富多样，体育教师知识丰富，体育文化氛围浓郁，这对于激发学生的学习激情、增强体育教学效果具有重要意义。健美操教学效果也会在良好的体育文化氛围中得到不断的改善与增强。

2.帮助学生形成正确的体育文化观，提高健美操教学质量

体育文化具有导向功能，大学生刚进入大学校园时，个人价值观及经验

是有差异的，随着不断深入的学习，学生在思想领域形成对比心态，而此时体育文化的思想导向作用就会显现出来，体育文化在大学生的学习与生活中逐渐渗透，从而对大学生的行为、思想等产生积极影响，这样大学生在健美操教学中才会自觉学习，不断进步。

3. 促进健美操教学体系的不断完善

体育文化属于意识范畴，校园体育文化具有稳定性，体育文化氛围一旦形成，学生就会产生强烈的心理认同感，此时借助体育文化的影响力开展健美操教学活动，将会事半功倍，有助于促进教学体系的完善。

（二）高校健美操与体育文化的融合策略

1. 优化教学管理理念，建立新的教学体系

为实现健美操教学与体育文化的融合，对传统的教学理念进行改革，构建满足素质教育要求的教学体系是最根本的途径。

第一，健美操教学不应仅作为选修课程出现在高校，学生选修健美操课程也不应只是为了获得学分，教师要在健美操教学的整个过程中贯穿终身体育观念，让学生明白学习健美操的最终目的。同时，在健美操教学中要改变传统教学模式中教师的主体地位，明确与尊重学生的主体地位，培养学生的学习兴趣，调动其积极性。教师要通过自身的习惯对学生的健美操参与行为进行潜移默化的引导。

第二，高校要积极推进健美操教学改革，不应只将提高学生的学习成绩作为主要目的。只在大一和大二两个学年集中设置包括健美操在内的体育课程，这不利于培养大学生的终身体育意识，在大三、大四阶段也应增设一些时尚的健美操运动项目，鼓励学生参与这些运动。

第三，高校要尽可能选购适合本校教学条件与教学对象的健美操教学教材。

2. 以构建校园俱乐部为载体，大力宣传体育文化

健美操俱乐部教学是能够充分调动与激发学生学习自觉性与主动性的新型教学模式。俱乐部强调学生自主参与，能够有效培养学生的自主锻炼意

识及自我管理能力。健美操俱乐部能够吸引对这项运动有兴趣的学生参与进来，兴趣相同的学生共同进行锻炼，相互学习，取长补短，既增进了学生之间的感情，形成了强大的凝聚力，也对大学体育文化进行了更好的宣扬，有利于培养大学生的体育道德、体育精神。

为有效宣传体育文化，促进大学生体育素质的提升，高校要在物质、精神上大力支持健美操俱乐部，丰富俱乐部活动内容，通过各种形式的活动来宣传体育文化，加强文化教育。

3. 举办大学体育文化艺术节，承办赛事

体育文化节是以全体师生为主，集健身体育、竞技体育、娱乐体育于一体的活动形式，是能够促进师生身心健康的文化活动。高校体育文化节对高校师生的影响非常大，拓宽了师生的体育视野，调动了其锻炼的积极性，有助于培养大学生的体育意识，为大学生施展技能与展示个性提供了重要的平台。

举办体育文化节的宗旨是公平竞争、团结协作、拼搏进取，倡导"健康、快乐、文明"，这有助于对体育价值观念的传播。高校利用自身的体育资源优势，承办健美操赛事，能使大学校园青春焕发、豪情荡漾，使大学生的校园文化生活丰富多彩，同时推动了大学体育文化的发展。高校还可以发挥自身优势来承办一些影响较大的公益性健美操赛事，利用优秀健美操运动员的社会价值、精神价值，带动大学生追求积极健康的生活方式，使大学生的体育文化生活更有意义。

参考文献

[1] 张思宇.形体训练在高校健美操运动中的应用[J].文体用品与科技,2021（24）:
143-144.

[2] 陈璐.高校健美操教学模式创新研究[J].黑龙江科学,2020,11（23）:98-
99.

[3] 郑加敏.形体训练在高校健美操运动中的应用研究[J].辽宁科技学院学报,
2020,22（4）:67-69.

[4] 张玉金.高校健美操运动规定动作特点分析[J].长沙大学学报,2019,33（5）:
157-160.

[5] 许剑,吴焱军,曾秀霞.高校健美操运动竞赛及训练策略研究[J].体育世界（学
术版）,2019（4）:130-131.

[6] 王婷.核心力量训练在高职院校竞技健美操中的应用分析[J].当代体育科技,
2022,12（22）:25-28.

[7] 葛冬梅.核心力量训练对竞技健美操难度动作完成质量的影响[J].鄂州大学学
报,2021,28（6）:99-101.

[8] 邓宝,杜熙茹,邓俊臣,等.核心力量训练对竞技健美操运动员腰肌劳损康复
实验研究[J].福建体育科技,2021,40（3）:70-74.

[9] 牛嘉.浅析竞技健美操运动中的核心力量训练[J].当代体育科技,2020,10（4）:
14-16.

[10] 蒲守木,邓霞,高嵩.地方高校健美操专修课程技术教学内容的改革探究[J].
黄冈师范学院学报,2018,38（6）:100-104,118.

[11] 姜涛,刘江波.高校健身健美操的创编和训练:评《高校健美操训练理论与方法》
[J].当代教育科学,2016（15）:2.

[12] 赵浩仪,秦思.体育院校竞技健美操核心力量训练方法研究:以武汉体育学院

健美操专项学生为例 [J]. 运动，2014（15）：59-60.

[13] 王可 . 竞技健美操柔韧素质训练方法的改革与创新 [J]. 体育世界（学术版），2014（4）：62-63.

[14] 纪晓楠 . 高校竞技健美操运动中牵伸训练的理论研究 [J]. 四川体育科学，2013，32（1）：33-37，61.

[15] 郭光 . 论健身健美操在高校体育健康教育中的特殊功能 [J]. 西安体育学院学报，2004（S1）：93-94.

[16] 安红，吴京津 . 高校健身健美操选项课教学改革 [J]. 南京体育学院学报（社会科学版），2004（5）：140.

[17] 罗利华 . 有氧健美操音乐选择的研究 [J]. 北京农业职业学院学报，2016，30（2）：103-108.

[18] 王铃 . 微课程在高校健美操专业课程中的实践与探索 [J]. 当代体育科技，2015，5（25）：64-65.

[19] 李小妮 . 终身教育背景下健美操教育理念创新研究：对健美操选项课的调查研究 [J]. 陕西教育（高教版），2013（Z2）：103.

[20] 杨华 . 浅谈有氧拉丁操的历史起源及发展现状 [J]. 体育世界（学术版），2010（2）：102-103.

[21] 招惠芬，林昭绒 . 学导式教学模式在健美操教学中的应用研究 [J]. 文学教育（中），2010（7）：132-133.

[22] 许迎伟 . 有氧拉丁操引入课堂的可能性分析 [J]. 体育世界（学术版），2010（2）：62-63.

[23] 龚雪梅 . 健身街舞的特点及作用探析 [J]. 楚雄师范学院学报，2008（03）：98-103.

[24] 侯峥嵘 . 健美操教学中学导式教学法的应用研究 [J]. 首都体育学院学报，2004（2）：45-46，69.

[25] 殷洁森 . 新时代高校校园体育文化建设策略研究 [J]. 常州信息职业技术学院学报，2021，20（6）：85-88.

[26] 徐伟 . 高校校园体育文化建设及其育人的内在机理分析 [J]. 北京体育大学学报，2015，38（1）：94-99.

[27] 何宗红 . 高校健美操教学中音乐节奏感培养的实验研究 [D]. 苏州：苏州大学，

2013.

[28] 付晓理．健美操教学中融入街舞元素的研究：以体育馆路小学为例 [D]. 北京：首都体育学院，2016.

[29] 陈莹．高校竞技健美操选手竞技能力构成与基础训练内容的研究 [D]. 大连：辽宁师范大学，2012.

[30] 李梓．我国体育院校竞技健美操代表队教练员执教能力的研究 [D]. 北京：北京体育大学，2014.

[31] 李佳薇．山东省高校竞技健美操群体凝聚力影响因素研究 [D]. 济南：山东大学，2015.

[32] 殷跃．江苏省普通高校竞技健美操发展状况调查及对策研究 [D]. 南京：南京师范大学，2015.

[33] 赵奎芝．高校竞技健美操人力资源优化配置的研究 [D]. 厦门：集美大学，2013.

[34] 侯露露．动态分层合作教学模式在高校健美操选修课教学中的应用 [D]. 成都：成都体育学院，2021.

[35] 罗丹阳．光影律动健身教学系统在健美操专项课中应用及效果评价 [D]. 成都：四川师范大学，2020.

[36] 刘焕焕．"混合式教学"在高校健美操选修课的实验研究：以上海财经大学为例 [D]. 上海：上海体育学院，2020.

[37] 张家安．普通高校健美操开展情况对终身体育行为趋势的预测性研究 [D]. 苏州：苏州大学，2010.

[38] 王文雯．校园体育文化建设对大学生思想政治教育的影响：以荆州职业技术学院为例 [D]. 荆州：长江大学，2015.

[39] 彭蓉．"运动教育模式"在高校健美操普修课教学中的实践研究 [D]. 太原：山西大学，2018.

[40] 熊艳．我国普通高校健美操"运动教育模式"的理论构建与实证研究 [D]. 北京：北京体育大学，2013.

[41] 常晓静．四川省高校竞技健美操可持续发展的指标体系建构 [D]. 成都：成都体育学院，2021.

[42] 谷斯妮．微视频辅助教学对普通高校健美操选项班学生体育学习策略影响研究 [D]. 开封：河南大学，2020.

[43] 彭秋霞. 微信公众平台在普通高校健美操选修课教学组织中的运用研究 [D]. 广州体育学院，2017.

[44] 谭鑫磊. 翻转课堂在普通高校健美操教学中的应用研究：以长江大学为例 [D]. 荆州：长江大学，2017.

[45] 徐永恒. 新规则导向下河南省高校竞技健美操训练研究 [D]. 开封：河南大学，2016.

[46] 朱春梅. 自主学习在高校健美操教学中的应用研究 [D]. 昆明：云南师范大学，2014.

[47] 王俊萍. 广西高校竞技健美操运动员身体形态及身体素质因子结构特征分析与评价 [D]. 南宁：广西民族大学，2012.

[48] 李华. 高校健美操 [M]. 沈阳：辽宁大学出版社，2007.

[49] 王静. 高校健美操教育的理论与实践创新 [M]. 长春：吉林科学技术出版社，2019.

[50] 李玉玲，贺军萍，蒋晓丹. 高校健美操的教学与科研 [M]. 长春：吉林人民出版社，2011.

[51] 叶文娟. 高校健美操训练理论与方法 [M]. 北京：中国水利水电出版社，2013.

[52] 黄小红，刘正杰，董丽波. 高校健美操运动的发展与创新 [M]. 长春：吉林大学出版社，2012.

[53] 孔宁宁. 高校竞技健美操体能训练与健康教育 [M]. 延吉：延边大学出版社，2019.